発達障害と仕事

自分らしく働くために

銀河

Ginga

JN072271

新書版のまえがきに代えて

発達障害の人が、仕事で無理せず、苦しくない人生を生きるために

働き方の変化で、発達障害の人には生きやすい時代に

前著『「こだわりさん」が強みを活かして働けるようになる本』を刊行してから、約1年半が経過しました。

この間に、私たち発達障害の人々を取り巻く環境は少しずつ変わってきているとASD・ADHDの当事者である私自身、ひしひしと感じています。

まず、挙げられるのが、「働き方の変化」です。

本書でも再三にわたって触れていきますが、発達障害の人の大きな特性のひとつに、「気分の浮き沈みが激しい」ことがあります。本当に調子が悪いときは、普段では考えられないようなミスを連発するし、ときにはベッドから起き上がることすら困難な日もあります。私自身、こうしたメンタルのアップダウンと、日々闘い続けています……。

しかし、いかに気分がどん底にある最悪の日であっても、会社員である以上は、毎日定時に会社へ行き、昨日と同じように仕事をこなさなければいけません。

とはいえ、心の中ではどんなに気持ちを切り替えようとしても、一度ポンコツモードに陥ってしまうと、なかなか回復できません。いつも以上に職場での挨拶《あいさつ》や雑談といった何気ないコミュニケーションですら負担になり、つい不愛想な顔になったり、間違った対応をしてしまったり、周囲に当たり散らしてしまって、摩擦を生んでしまったことは、発達障害の人ならば誰しも経験しているはずです。

ところが、2020年以降の新型コロナウイルスの感染症対策を経て、これまで会社員にとって「当たり前」であった定時出社や会社通勤が「当たり前」ではなくなりつつあります。

完全に「出社しなくてもよい」という形式を取る会社はまだ少ないかもしれませんが、在宅でのリモートワークやフレックス勤務など、会社員の働き方の選択肢は数年前に比べれば格段に増えました。

それと同時に、終身雇用や年功序列という昭和型の働き方からの脱却を目指し、副業を解禁する企業も少しずつ増加しています。人によっては、社員として働きながら、フリーランスの仕事を請け負ったりするケースも珍しくありません。

こうした社会の変化は、発達障害の人にとっては大きなチャンスだと感じています。メンタルの不調やそれに伴うコミュニケーションの摩擦などは、発達障害の人が働く上では大きなマイナスポイントでした。でも、自分である程度働き方をコントロールできるのであれば、体調次第で出社時間をずらすこともできるし、場合によってはリモートワークを選択することもできます。

さらに、働き方の幅が広がることで、「定時にきちんと出社するスキル」「その場の空気を壊さないスキル」「ＴＰＯに合った服装を着られるスキル」など、これまで発達障害の人が苦手としてきたスキルが、以前ほど会社の評価の中で重要視されなくなりました。減点ポイントが減ることで、よりフラットな状態で発達障害の人が評価してもらえるようになる。これは、大きなメリットでしょう。

もう「みんなと同じ生き方」をしなくてもいい

発達障害の人にとって、もうひとつの追い風だと感じるのは、「多様性」という概念が広まりつつあることです。

発達障害の人が、日々困難に感じることのひとつに、ほかの人と考え方や価値観が違うという点があります。

「あの人って、ちょっと変わっているよね」

「人と違うことばかりしているけど、大丈夫なのかな」

「どうしてほかの人と同じように生きられないの？」

こんな言葉を投げかけられたことがある発達障害の方は、決して少なくないでしょう。以前であれば、「できるだけ大きな会社に入って、結婚して、子どもをつくって、マイホームを買って……」というステレオタイプな生き方が推奨されており、その生き方を選ばなかった、あるいは選ぶことができなかった人は、周囲からの無言の圧力に苦しい思いをしたこともあったはずです。

しかし、多様性という概念の登場によって、「いろんな生き方があっていいよね」と多様な生き方を認める動きが生まれつつあります。

他人と違った価値観を抱きがちな発達障害の人が、多少突飛な生き方をしたとしても、以前であれば、「あの人は変な人だ。関わらないほうがいい」と周囲から遠巻きに眺められていたのが、「まぁ、そういう人もいるよね。それぞれの生き方だからね」と流してもらえることが増えたように感じます。

多様性が進む社会は、発達障害の持つ特性や習慣がプラスになることもあります。最近、私が痛感したのは、「先入観を持たずに他人とコミュニケーションが取れる」という点です。

例えば、いま私が経営に携わっている人材派遣事業では、ベトナム人など外国の方と接する機会が多いのですが、彼らとの交流を通じて、「自分はほかの社員たちよりも外国の人と接するのが得意だ」ということに気が付きました。

なぜかというと、私は約30年にわたって、「人に自分の言葉は伝わりづらい」「自分は空気が読めない人間である」という前提で生きてきました。

だからこそ、誰かとコミュニケーションを取るときは、極力先入観を持たずに、「何が伝わりづらいのか」「これは丁寧に説明しないと伝わらないのではないか」という考えを念頭に置いて行動してきました。言葉で伝えるときは極力具体的に。もし、言葉で伝わらないなら、表情で。表情で伝わらないなら、身振り手振りで。あらゆる手段を駆使して、相手に意思を伝えてきたのです。

このコミュニケーション方法は、共通の文化や認識をさほど持たない外国の方と接する際、非常に功を奏します。

長年、「空気が読めない」ということに苦しめられてきましたが、逆に、「空気が読めない」からこそ培われてきたスキルもあるのだなと、自分と違う文化や価値観、バックグラウンドを持つ人と接する際、実感します。

「多くは望まないから、幸せに働きたい」

働き方や人生の価値観の多様化によるものなのか、働き方に関する価値観も少しずつ変わりつつあります。

私自身、発達障害の人から働き方について相談を受けると、

「バリバリ働いて、高収入を得たいわけではないんです。ただ、無理せずに、苦しくない働き方ができたらいいなって思っています」

「出世しなくていいし、ほどほどの待遇でいいんです。ただ、少しでも自分の個性を活かせる仕事をしたい」

「有名にならなくてもいいから、自分が興味を持てることや好きになれることで働きたい」

といった声を聞くことも増えました。

少し前までなら、「どうせ仕事をするなら、出世して、たくさん稼いでいる人のほうが偉い」という価値観が当たり前でした。現在でもそうした価値観を大事にする人も多いの

でしょうが、一方で、「ほどほどでいいから自由に自分らしく生きたい」という人が非常に増えているように感じます。

実際、ある程度お金を稼いだら地方で暮らす人や、仕事は最低限でプライベートの時間を充実させたいという人も多いです。

自分が頑張りたいと思うのならばガンガン頑張ればいい。でも、働きすぎると疲れてしまってパフォーマンスが上がらないのであれば、ユルく、ゆっくり働くという形も悪くない。

世の中の価値観に流されるのではなく、「自分がどういう働き方をしたいのか」「自分の強みとはどんなものなのか」をそれぞれが見定め、働き方を決めることができるのです。

生きづらさの正体の9割は「コミュニケーション」

本書は、「発達障害の人ができるだけストレスを溜めずに、無理せず、自分らしく働くための方法」をまとめた本になります。なかでも、私が最も重要視して、ページを割いているのは「コミュニケーション面」です。

ここまでご紹介してきたように、多くの発達障害の人にとって、最も大きな難関となるのはコミュニケーションだからです。

これは極論かもしれませんが、発達障害の人が感じる生きづらさの正体の9割は、コミュニケーションで生まれる摩擦や誤解が原因だと思います。しかも自分自身は相手を怒らせたことや傷つけたことに気が付かないことも多い。結果、また同じことを繰り返して、悪循環を生んでしまいます。

プライベートならば、自分を嫌う人とは付き合わないという選択ができるかもしれません。でも、仕事となると自分が苦手な人はもちろん、自分を苦手と思う人とも付き合わなければなりません。

ただ、考え方を変えると、コミュニケーションで大きな摩擦さえ起こさなければ、自分らしい働き方はある程度確立できるはず。

事実、自分らしく強みを活かして働いている発達障害の方もいます。彼らに共通するのは「苦手を克服する努力をずっと続けてきたこと」だと思います。そして、その苦手は往々にして、「コミュニケーション面」であることが多いのです。

例えば、発達障害であることを公表しながら、名古屋で「デカフェ」というカフェを運営する、あすてんさんは、最初は他人とコミュニケーションを取るのがとても苦手だったそうです。でも、カフェの店長になったことがきっかけで、コミュニケーション力がどんどん上達していったそうです。そして、今では他人と関わることを以前ほど恐れなくなり、自分らしい働き方を実践されています。

グラフィックデザイナーであるＮＩＮＯさんも、ご自身の強みを活かして自由な働き方をされている発達障害の方のひとりです。ＮＩＮＯさんも他人と接することに苦手意識を持ち続け、「自分は社会不適合者だ」と感じていたそうですが、接客業などで働くことで、次第に慣れていったのだとか。そして、現在は、発達障害当事者の情報を発信する人気ＹｏｕＴｕｂｅｒとしても活躍しています。

「人と関わることを恐れない」という最初の関門さえクリアできれば、発達障害の人たちが自分らしい働き方をするためのハードルはぐっと下がります。

とはいっても、「自分の強みを見つけて自分らしく働こうなんて、無理に決まっている」と感じる人も多いでしょう。その気持ちは、痛いほどよくわかります。

私も含めて、発達障害のある多くの方はコミュニケーション面での失敗体験が非常に多いです。そのトラウマが強すぎるがゆえに、工夫することを諦めてしまう。普通の人と同じような行動が取れずに、何度も失敗してきた人ほど、「どうせうまくいかない」と思い込み、改善を諦めて、問題を放置してしまうものです。

でも、「もうできないとわかっているから」と諦めてしまうか、それとも自分が苦手なことがあっても、「できないなりに改善策を考えられるかどうか」が、その後の明暗を分けるのだと感じます。

苦手だった「人間関係」が楽しみになった

私も、かつては他人とコミュニケーションを取ることが本当に苦手でした。いまでも、決して得意とは言えません。でも、少しずつ改善を試みた結果、かつては苦痛でしかなかった仕事のおかげで、いまでは人間関係が昔よりもすごく豊かになったと感じますし、それが仕事を続ける一番のモチベーションになっています。

例えば、私は50代、60代くらいの男性と接するのが苦手です。それは、新卒で入った会社で、年配の上司から毎日のように怒られ続け、うつ病になったというトラウマがあるからです。

いまだに年配の男性を目の前にするだけで、心臓がドキドキするし、会話するときに頭が回らず的はずれな受け答えをしたり、すぐに感情的になって思ったことを言い返してしまうことも多いです。

でも、当たり前のことですが、こちらが感情的になればなるほど、仕事の取引はうまくいかない。

そこで、「自分は年配の男性だと普段以上に空気を読まずに思ったことを言う癖があるから、年配の男性にはいつも以上に丁寧に接しよう。怒られたときは、相手が何について怒っているのかをできるだけ具体的に聞き出すようにしよう」と自戒するようにしていたのです。

そして、先日、営業先の年配の経営者の方とお話しすることがありました。「自分が苦手なタイプだから失敗しないようにしなきゃ……」と緊張しながら打ち合わせに臨みましたが、モニターで自社パンフレットを見せた瞬間、「こんなモニターで見せるようじゃダメだ！　紙で持ってこい！」と開口一番に怒られてしまいました。

以前の私だったら、相手の言葉を受けて、「え、今どきモニターで見せるやり方は当たり前ですよ？　何が問題なんですか？」と後先考えずに言い返していたところでしょう。でも、そう言いたいのをこらえて、「本当に申し訳ないのですが、自分が不勉強なので、こういう場合にどうしたらいいのかわかりません。もしよろしければ、次回の参考までに、ぜひどんな形が望ましいのか教えていただけないでしょうか？」とできるだけ丁寧に伝えてみました。

すると、その相手の男性も怒りをやわらげて、「こうしたほうがいい」「こういう形で来ないとダメだ」などといろいろと教えてくれました。

結果的に、その経営者の方とはいまだに取引が続き、大きな売り上げにつながっています。この体験から、「人間関係が苦手だと思っていた自分でも、コミュニケーションを取ることを諦めなければ、こんなふうに人間関係を広げていくことができるのだ」と小さな感動を抱きました。

本書では、私がこれまで続けてきた「無理しない働き方」のメソッドを詰め込んでいます。

「どうして自分はほかの人みたいに普通になれないんだろう」

「なんで仕事でこんなにいやな目に遭わなきゃいけないんだろう」

そんなふうに考えている方々に、本書を通じて、「前よりは無理せずに、自分らしく生きられているかも」と思ってもらえたなら、それは、とてもうれしいことです。

私自身も、まだまだ道半ばです。

ぜひ、一緒に、「自分らしい働き方」を見つけ、実践していきましょう！

2022年9月　銀河

はじめに

発達障害を「資産」に変える

「普通になろう」と努力するより、個性を強みにしよう！

はじめまして、銀河《ぎんが》と申します。

突然ですが、私には夢があります。

それは、「発達障害のイメージを変える」ことです。

発達障害のある人の多くは、自分の障害は「マイナスのものだ」と考えがちです。私自身も、25歳のときにASD（自閉症スペクトラム障害）だと診断された発達障害の当事者です。最初に診断を受けたときは、発達障害のことをよく知らなかったこともあり、『障害』と名がつくのだから、良くないものなのだろう。こんな障害を背負ってしまって、自分はこれからの人生をどうやって生きていけばいいんだろう……」と、気持ちが非常に落ち込みました。

最初は「発達障害」というハンディキャップをいかにカバーして、「定型発達」と呼ばれる人たちと同じになればいいのかと、悩み続けました。しかし、「発達障害＝ハンディキャップ」と考え、その弱みをカバーするのは、マイナスをゼロにするということ。どんなに自分が努力しても、結局は発達障害でない人と同じスタートラインに立つだけで精一杯。ちっともモチベーションが湧いてきませんでした。しかも、苦手なことを無理して必死でカバーする行為は、正直全く楽しくなかったのです。

これはどうしたものか……と考えたところ、次第に、「障害」という文字こそ入ってはいるものの、発達障害のある人たちは発達障害でない人にはないユニークな個性を持ち合わせていることに気がつきました。ならば、発達障害でない人と同じになることを目指すより、むしろその個性を強みに変えるほうがいいじゃないかと考えたのです。以来、私は「発達障害を強みに変えることはできないか」と模索し続け、同時に、多くの発達障害の方々のコーチングも行ってきました。

この本は、そんな私が突き詰めてきた「発達障害のある人々が、その個性を強みに変えるための方法」を紹介する本です。そして、発達障害に対するネガティブなイメージを少しでも払拭《ふっしょく》するため、本書では人一倍強いこだわりを持つという特性がある発達障害の人を「こだわりさん」と呼んでいます。

また、発達障害という診断を受けた方だけでなく、自分は発達障害の傾向があるかもしれないと悩んでいる方や、ビジネスや人間関係といった日々の生活で悩みを抱えている方、そして職場や家庭など身近に発達障害の人がいる方に向けても書きました。ぜひ最後までお付き合いいただけたら、私はとてもうれしいです。

そもそも発達障害ってどんなもの？

さて、みなさんは、発達障害のことをどれぐらいご存知でしょうか？

- **ADHD**
- **ASD**
- **LD**
- **ADD**
- **注《ちゅう》意《い》欠陥《けっかん》多《た》動性《どうせい》障害《しょうがい》**
- **自閉症スペクトラム**
- **学習障害**

など様々な呼び方をされますが、これらはすべて発達障害です。

例えば、私が診断されたＡＳＤは、自閉症やアスペルガー症候群、広汎性発達障害《こうはんせいはったつしょうがい》などの総称とされていますが、主に、次のような特性があるとされています。

・こだわりの強さ

まず、代表的な特性は、「こだわりの強さ」だと思います。好き嫌いが激しくて、自分の好きなものにはのめり込むけれども、興味のないことには全く関心が持てず、思考が停止してしまいます。また、自分自身が納得するまでは、他人に言われたことを受け入れられません。反対に、一度納得すると素直に受け入れ、すぐに行動に移したり、ルーティンに組み入れたりもします。

・コミュニケーション能力が高くない

自分の世界に閉じこもってしまいがちなので、自分の思いや感情を外に出すのが得意ではない人が多いようです。その結果、周囲の人の理解を得づらく、孤立しがち。私自身も会社員時代は、「世間話は無駄」「意味のある話しかしたくない」と思っていたため、社内ではよく一人ぼっちになってしまいました。また、初対面の人を敬遠しがちなので、人づきあいが広がっていかない傾向もあります。

・疲れやすい

普通の人が無意識にやっている「空気を読む」という行為ができません。その代わりに、相手の視線や声の動き、声のトーンなどでその場の状況を判断しようとするため、気疲れしてしまう人が多いようです。普通の人が無意識で得られるコミュニケーションの情報が、圧倒的に少ないのが私たちの特性のひとつです。

・一人で抱え込んでしまう

完璧主義で他人に頼るのが苦手です。そのため、仕事や悩みを一人で抱え込んでしまって、パンクしてしまうことも多いです。結果として納期に遅れたり、アポイントメントに遅刻してしまったりすることもあります。そのため、周囲の人からその特性が理解されないと、「あの人は適当だ。ルーズだ」などと思われてしまいがちです。

・**感覚過敏**

感覚過敏《かんかくかびん》は、人一倍、様々な感覚に過敏になってしまう特性です。例えば、洋服についているタグが肌に触れる感覚が気になってしまい、タグを取らないと洋服が着られない……など。私の場合は少し聴覚過敏気味で、アナログ時計だと「チクタク」という秒針の音が気になってしまうので、家にある時計はすべてデジタル時計に統一しています。ちなみに、小さい頃から騒々しいゲームセンターがすごく苦手でした。

・**感覚鈍麻**

感覚鈍麻《かんかくどんま》は、感覚過敏の反対で、いろいろな感覚に対して鈍感になる症状を指します。例えば、熱があっても気がつかなくて、倒れてようやく自分が発熱していることに気づく……など。私自身も体調に関しては感覚鈍麻気味で、風邪などをひいても、周囲から「顔が赤いけど大丈夫?」と言われるまで気がつかなかったことが何度もありました。

ＡＳＤとＡＤＨＤの両方を併発しているケースが多い

ＡＳＤと同様に発達障害の中で有名なのが、「ＡＤＨＤ（注意欠陥多動性障害）」と呼ばれる発達障害です。ＡＤＨＤは、不注意だったり、衝動的に行動してしまったり、人よりも動きが多くなってしまう多動性があったり……という特性があります。一言でいえば、「落ち着きがなくて、いつも物忘れやミスをしがちな人」などが当てはまります。

ただ、これまでいろいろな発達障害の方と交流してきて感じるのは、ＡＳＤとＡＤＨＤの境目は極めてあいまいで、どちらかだけの特性を持っている人……というのはあまりいないと思います。私自身もＡＳＤと診断を受けたものの、「飽きっぽくて、いろいろなことに関心を持ってしまうので、何かを続けることが苦手」など、ＡＤＨＤ的な症状も持っています。本書で指す「こだわりさん」については、ＡＳＤの人だけでなく、ＡＤＨＤ的な特性を持ち合わせている人も含んでいます。

また、これはすごく大切なことなので、ぜひ覚えておいていただきたいのですが、ＡＳＤやＡＤＨＤといった発達障害のある人は、それぞれのこだわりのポイントや悩みの種類が全く違います。先に挙げた「感覚過敏」と「感覚鈍麻」などの相反する特性を持っていることなどもあります。

例えば、聴覚に感覚過敏があるからパソコンのサーバーの音がうるさすぎて、オフィスでは仕事ができなくて困っているという人もいれば、人間関係がうまくいかずに職場で孤立してしまい、行き場をなくしてしまっている人もいます。その人の持つ特性や置かれている状況によって、対処法が大きく変わってくるのも、発達障害の人の持つ悩みが世間に伝わりづらい要因のひとつだと思います。

だからこそ、発達障害のある当事者が自分なりの対処法を編み出すことが大切だと考えているのです。

では、様々な発達障害の特性を、どうやって強みに変えていくのか。そのメソッドを紹介していく前に、発達障害と診断を受けた私が発達障害のコーチングを始めるまで、どんな人生を歩んできたのかを、簡単にご説明していきたいと思います。

人と違うことはわかるけど、どう違うのかがわからない

幼少期は、とにかく一人で遊ぶのが好きな子どもでした。他の子たちとワイワイ遊ぶよりは、ずっと一人遊びに没頭している。ただ、小さいときは、周囲からものすごく浮いているというわけではなかったようで、親も「あいつはいつも一人でいるのが好きだな」と

特に気にしてはいなかったようです。

人づきあいの苦手ぶりが露呈したのは、小学校に通うようになってからです。入学はしたものの、他の子のように友達をつくるのが苦手で、よく一人でいました。「寂しいなぁ」とは思っていたものの、どうしたらいいのかわからない。次第に、自分と同じようにどこのグループにも所属していない、いわゆる「変わり者」の子たちと遊ぶようになりました。

自分自身が「周りの人とちょっと違うのかもしれない」と自覚し始めたのは、中学生の頃でした。「歴史を勉強して何の意味があるんだろう？」「日本にいたら英語なんてしゃべらないのに、どうして英語の授業が増えたんだろう」など、みんながどうでもいいと考えるようなことに、一度こだわり始めると、結論が出るまで気が済まない。周囲の子たちに何度も「なんで英語を勉強するんだと思う？」と聞いては、怪訝《けげん》な顔をされていました。クラスで一番頭のいい子に同じことを聞いてみても、「わかんないよ」と言われたとき、「そうか、これはみんなにとってはどうでもいいことなんだな」と初めて納得したのを覚えています。勉強のやり方なども人とは違っていて、日頃は大して勉強していないのに、短期間で集中的に勉強して良い点数を取るので成績も良かったです。

当時は、この出来事を勝手に良いようにとらえて、「そうか。他の人が気にしないことに気がつくということは、自分は人よりも頭が良いのかもしれない」と勘違いして、調子に乗っていました。

高校受験の際は、親に「偏差値の高い高校に入ったら、パソコンを買ってあげる」と言われたので、モノにつられて、一気に勉強をスタート。1日10時間くらい勉強して、勉強が終わったら過集中（物事に集中しすぎてしまう発達障害の特性のひとつ）で動けなくなって、ソファで寝落ちするという日々を送っていました。ひとつのことに集中すると、他のことができなくなってしまうあたりも、今思えば「こだわりさん」ならではだと思います。そのくらい、中学3年のときは勉強以外何もしなかったと言っても過言ではありません。

しかし、そんな勉強漬けの日々でしたが、苦にはなりませんでした。私は書き写すことで物事を記憶できるタイプだったので、当時の私の勉強法は、ひたすら自分の勉強したノートを書き写して、それを暗記するというもの。それを繰り返していくうちに、偏差値がどんどん上がっていくのが、ゲームのレベル上げのようでとても楽しかったです。最初は30くらいだった偏差値は、あれよあれよと1年の間に73くらいまで上がっていました。

努力の甲斐《かい》があって、都立の名門高校に進学を果たし、その後も第一志望の大学に無事に入ることができました。一見、順風満帆な人生を送っているように見えますが、周囲の人から「あまり空気が読めないよね」「個性的な性格だね」と言われ始めたのもこの頃です。

ただ、どんなに「空気が読めない」「変わっている」と言われても、自分ではどこがおかしいのかわからない。「みんなに迷惑をかけているみたいだけれども、どうやって改善したらいいのかわからない」と途方に暮れることも増えていきました。

「お前には人間の心がない」「宇宙人だろ」

周囲とはどこか自分は違うんだなと思いつつも、大学3年生のときに就職活動を始めてみると、周囲の空気を読まず、物怖《ものお》じしない自分の性格は、むしろ就職活動の面接では非常に好感度が高く、結果、第一志望の製薬会社から内定をもらうことができました。

高校受験も大学受験も、そして就職活動までもがうまくいったため、他人から「変わっている」と言われても、そこまで気にしていなかった私ですが、社会人になってから、人生最悪の地獄の日々が始まります。

新卒で入社した製薬会社で営業（ＭＲ）として働き始めて入社1年目の秋頃、周囲の同期が仕事をだんだんと覚え、成果も出し始める中、私は一人、焦っていました。

まず直面したのが、「上司や先輩の言っていることがよくわからない」という致命的な悩みでした。「あれやっといて」「これやっといて」と言われるたびに、何を指しているのかが全くわからない。他の人は上司や先輩の指示を理解しているのに、私だけが「え、どれですか？」と何度も聞き直してしまう。メールを書いても、「わかりやすくしよう」と思うがあまりに、ついつい補足を加えすぎて、長文になり、「読みづらい」と文句を言われる。

こういった些細《ささい》なことが積み重なり、営業成績がとてつもなく悪かったわけではないものの、「空気が読めない」と上司や先輩から毎日責められる日々が続いていました。

さらに、当時の上司は「営業は察するのが命」というタイプの人だったので、「お前のように何度も聞き返すような空気の読めない人間は、営業として通用しない。終わっている」と何度も叱られました。あるとき、意を決してこう聞いてみました。

「空気ってどうやって読んだらいいんですか？」

すると上司はイライラしながらこう返します。

「感覚だ！　その感覚がわからないやつは向いていないんだ！」

「僕のように向いていない人間は、どうすればいいですか？」と聞いたら、上司はしばらく黙ってしまい、その後に「そんなの自分で考えろ！」と怒って、どこかへ行ってしまいました。


そのときは、「具体的に教えてもらえればできるのに、どうして教えてくれないんだろう？」と途方に暮れるしかありませんでした。「空気が読めない」や第1章でご紹介する「パターン化されていれば実行できる」という特性は、今思えば発達障害ならではだと感じます。しかし、当時は自分が発達障害だとは知らなかったので、「他の人にはできるのに、どうして自分にはわからないんだろうか」と、とにかく毎日悩み続けていました。

ちなみに当時、上司や先輩たちからは、

「お前はいつまで経っても成長しない」

「同期のAと比べて、お前はどうしようもないな」

「お前には人間の心がない」

「お前、宇宙人だろ？」

「常識が通じない。友達いないだろ？」

などという言葉を日常的に浴びせられていました。今思い返すと「それって、パワハラじゃない?」と驚いてしまうような言葉ばかりですが、それほどまでに当時の自分には察する力がなかったのでしょう。先輩や上司の期待に応えられず、悶々《もんもん》とする日々は、それからさらに続きました。

「もう死にたい」と思った末、うつ病でダウン

今考えると自分には問題だらけだとよく理解できるのですが、当時は「なんで頑張っているのに、理解されないんだろう」というジレンマに押しつぶされそうでした。そんな日々を半年ほど経て、ついに私の心に亀裂《きれつ》が生じました。

まず、朝起きられなくて、家から出られない。帰宅後は、「また明日職場に行きたくない」という気持ちが高ぶって、いつまでも寝つくことができません。深夜の3時頃になってからようやく寝ついて、3~4時間睡眠をとった後、出社ギリギリのタイミングに起きて、慌てて会社へ行く。日中も眠気がひどく、外回り中にコンビニの駐車場などに営業車を停めて寝ていました。暇さえあれば眠る。まるで、過眠症かと思うほどでした。今思うと、起きているのがつらすぎて、現実逃避したかったのでしょう。

会社に行くのが怖くて、時間になっても営業車の中から出ることができず、いつまでも車内でじりじりと時間をつぶしていました。さらに、営業としての仕事はそれなりにできていたはずなのに、得意先に行ってクライアントを目の前にしても、言葉が出てきません。焦りながら接客するので、当然営業成績も不安定になっていきます。

次第に生まれてきたのが、「もう死にたい。会社に行きたくない」という希死念慮《きしねんりょ》です。トラックなどを見つめながら、「あのトラックに飛び込んでしまえば楽になれるのに……」と、ぼーっとするようなことも多かったです。

そんな日々が続く中、入社2年目の5月、ほんの少しだけ残っていた理性が作動して、「このままではまずい！」と精神科に駆け込みました。診断結果はうつ病。診察を受けている最中、先生から、「君は多分、他にも何か持っていそうだから、別の診断もしてみようか?」と言われ、WAIS－Ⅲという発達障害の検査を受けさせてもらいました。そして数週間後、ASDという発達障害があることが判明したのです。

ASDだと診断を受けた日

診断結果を聞いたとき、最初に思ったのは「あ、これまで自分がいろいろと『人と違う』と言われ続けてきたのには、理由があったんだ」ということでした。

理由がわかって少し安心する一方で、生まれてきたのが「ASDって何？　これからどうやって生きていけばいいんだろう……」という強い不安感でした。

そもそも「発達障害」という言葉すらよく知らなかったので、そんなよくわからない未知の障害がある自分は、大丈夫なのかという不安しかありませんでした。

ひとまず会社には、うつ病の診断結果を出して、休職させてもらいました。その間中ずっと、ASDの自分にできることは何かを模索し続けました。ネットの記事などを見て、「ASDだと対人関係が下手なので、営業には向かない」と言われていることを知り、「うわ、完全に今営業職なんだけど。今後、どうしたらいいんだろう。転職しないとダメなのかな。でも、転職するにしても、何をやったらいいんだろう」と、ますます不安が募っていきました。しかし、そのとき母親から言われた、「あんたはそこまで人づきあいが苦手じゃないと思うよ」という一言が後押しになって、「今から新しいスキルを身につけたりするのは無理だから、ひとまず職場復帰して、もう一度頑張ってみよう」と決意しました。

自分なりに努力した結果、営業成績2位に

6か月間の休職期間により体力・気力ともに回復した私は、会社への復職を果たします。職場に復帰してから、一番大きく変わったのは、我流でなんでもやろうとする変な自信がなくなったことです。「自分は人と違う」ということがわかったからこそ、まずは周囲の人の間で正しいとされていることを徹底的に学ぶべきだと思いました。そこで役に立ったのは、本です。読んでいたのは、主にビジネス本。「人の気持ちがわからない」と言われたら、人の心を察する方法が書かれた本を読んでみたり、「雑談ができない」と言われれば、雑談力を高める本を読んでみたり。自分の強みは何かを探るために、ASDやADHDに関して書かれた本を何冊も読みました。そして仕事に活かせそうなものは、片っ端《かたぱし》から試していきました。

これまで持っていた価値観を全部捨てるのは簡単ではありませんでしたが、自分はいきなり地球に降り立った宇宙人のようなもの。「なんとかして地球で生き延びるために、ゼロから自分に合う方法を見つけなくては」と必死だったのです。営業で担当した薬がたまたま性能が良かったこともあるのですが、こうした頑張りが報われたのか、復帰後、社内で営業成績2位にまで上り詰めました。

しかし、相変わらず空気は読めず、メールで誤字・脱字は多く、発達障害の特性がフルに出ていた私の社内での評判は以前と同じく最悪でした。そのときに上司に言われた一言は、「お前は空気が読めないからMRの仕事は無理。辞めろ」でした。

自分なりに覚悟を決めて復職し、工夫し頑張っていましたが、人間関係が円滑にできないだけですべてを否定されてしまう。本当につらい状況でした。ただ、せっかく決意をして復職したので、そんな上司の言葉で辞めることに納得がいかず、「とりあえず、この会社で3年間頑張ってみよう」と、復職後、1年ほど同じ現場で粘ることになります。

もうひとつ、頑張れた理由は「成果を出せていた」という点です。相変わらず空気は読めませんでしたが、読めないなりに本や周囲から得た知識で工夫してアクションを起こした結果、成果が出ていたことが、自分なりのモチベーションになっていたのです。

そんな私に転機が訪れたのは、入社3年目のこと。相変わらず会社での居心地は針の筵《むしろ》のようなものでしたが、社内で私と仲良くしてくれる数少ない同僚から「一緒に会社をやらないか」と誘われるという奇跡が起こります。社内でも嫌われ者の私を、なぜ誘ってくれたのか。あまりにも不思議だったので、彼に聞いてみました。

「銀河は何でもすぐに空気を読まずに言うけど、それは正直だし、まっすぐな証拠だよね。

会社をやるときは、そういう人に一番近くにいてほしいと思った」

自分の短所だと思っていた部分を長所ととらえてくれる人がいることをはじめて知って、「自分はこんなことを言ってもらっていいんだろうか」とうれしくて泣きそうになりました。自分が発達障害だということを打ち明けても、その同僚は「あ、そうなんだ。気にしなくていいよ！」と軽く受け流してくれたのもありがたかったです。

ここまで受け入れてくれる人がいるのなら、やるしかない。そう心に決めて、彼と一緒に起業するため、丸3年勤め上げた会社を退職することに決めました。

発達障害をポジティブなものに変えたい

現在、私はそのときの同僚と一緒に転職支援の会社の経営に携わっています。その活動の一環として始めたのが、発達障害の方専門のコーチングです。コーチングを始めたきっかけは、多くの方のキャリア相談に乗っているうちに、発達障害の方々は自分の特性をネガティブなものに考えているけれども、この特性をポジティブなものに変えることができるのではないか？　と考えたからです。

例えば、発達障害のある人が、仕事上で抱える悩みには以下のようなものがあります。

・忘れ物が多い
・メールでの誤字が多い
・空気を読めない発言をしてしまう
・予定を重ねてしまうことがある（スケジュール管理が下手）
・職場の人との人間関係の構築が下手

しかしながら、これらはその人の一面でしかありません。でも、悪いところが目立ちすぎて、良いところに目が向けられない。

これは非常にもったいないことです。

「こうした発達障害の特性は、薬で抑えられるのでは？」と言われることがあります。たしかにＡＤＨＤの方向けの治療薬は存在しますが、ＡＳＤには特効薬は存在しません。薬を飲んでコントロールできるならば、薬に頼るというのも手だとは思うのですが、現在有効な治療薬がない以上は、自分でなんらかの対処法を考えなくてはいけません。

私自身、以前は、そこそこ有名な大学に入って、給料が高そうな会社に入って、そこでなんとなく一生を過ごして生きていければそれで幸せだと思っていました。しかし、うつ病になり、休職し、発達障害の診断を受けたことで、「自分は普通の人と違うのだから、自分なりに何かしらチャレンジをしなければ、一生仕事で成果を上げることはできない」と気がついてから、意識が一変しました。それ以来、新しいことに挑戦するのは苦手だったのですが、「何かしらのやり方を自分なりに探して、試行錯誤していこう」と気持ちを切り替えることができたのです。

発達障害を「資産」に変える6か条

さて、「発達障害をネガティブにとらえるのではなく、ポジティブにとらえて『資産』に変える」というのが本書の主題です。発達障害のある「こだわりさん」は、発達障害でない人と同じ基準で判断すると失敗が多いように見えるため、「自分はダメなやつだ」と自己評価が低くなりがちです。このあと、本書を読み進めていく中で、「私なんか」と思う人ほど、ぜひ次の6か条を念頭に置いてほしいと思います。

①苦手や短所は克服しない

「こだわりが強い」「行動していないと気が済まない」「説明が長い」といった発達障害のある人の特性は、一見、発達障害でない人と比べると短所だと思われがちです。しかし、発達障害でない人でも、誰しもこうした特徴はあるものです。発達障害の場合は、その凹が人一倍強いだけ。弱点である凹《おう》を無理に克服しようとしても、発達障害でない人と同じレベルか、それより下の水準でしか成果は出ません。ならば、その労力を自分の強みである凸《とつ》を磨くことに費やしたほうがいいと思います。苦手なことや短所はひとまず無視して、自分の強みを磨いていく。強みの存在感が増していけば、次第に苦手なことや短所が目立たなくなっていきます。

②ノーマルを目指さない

私たち発達障害のある人たちは、ユニークな個性を持つ人が非常に多いです。でも、「普通の人」を目標にしてしまうと、その個性が消されてしまいます。だったら、「普通」を目指すのではなく、個性的に生きることを選んで、他人と差別化しましょう。そして、その個性こそが自分の強みになっていくはずです。

③長所と強みで勝負する

人には、自分の弱点ばかりが目に入って、良いところが見えづらいところがあります。でも、自分の長所と強みはどこかを見極めて、それを伸ばすことを意識してください。「自分は、これなら負けない！」という強みの種を見つけたら、それを育てて、自分の武器にしていきましょう。

④目指すのはオンリーワン

どこにでもいる「ノーマル」を目指すのではなく、「この人しかいない」という「オンリーワン」を目指しましょう。「ノーマル」はいっぱいいますが、あなたの持つ発想力や強いこだわりといったユニークな部分は、あなただけのものです。そんな自分だけの「オンリーワン」は、あなたの強みになるはずです。

⑤縛られる生活から自由へ

「普通になろう」とすると、生活リズムやマナーといったいろんな常識に縛られてしまいます。しかし、発達障害のある人にとっては、その常識を守ることは非常に強いストレスになります。普通になろうとして常識に縛られた生活ではなく、自分のスタイルを把握し、より自由な状況でストレスなく働けるような立場を目指しましょう。

⑥周りを積極的に頼る

発達障害のある人は、完璧主義者が多いので自分一人で何かしらを完結させようとする傾向があり、そのためによく大変な思いをしたりします。ただ、基本的に、人は一人では何もできません。周りを積極的に頼ることで、自分の負担も軽減されるし、苦手分野を誰かに頼ることで、自分の強みをより活かすことにもつながります。これは発達障害のある人にとっては本当に苦手なことだと思いますが、一方で非常に大事なことなので、ぜひ本書を読み進める上で、心にとめておいてほしいと思います。

発達障害攻略はゲーム攻略と同じ

発達障害を攻略することは、ゲームの攻略と同じです。
ゲームでは、その場に合った攻略方法のパターンを覚えて、それを繰り返せば、自然とレベルは上がっていきます。発達障害のある人にしても、難しいことは考えず、日々の仕事を「ゲームの攻略法を見つけるのと同じだ」と割り切ってしまえば、TPOに合った対処法をひたすらやり込み、繰り返すことで、成果を出すことはできるのです。

なお、本書の中でご紹介するのは、あくまで私自身や私の周囲の人たちが実践して、成功したノウハウです。そのやり方を、読者であるみなさんに押しつける気は全くありません（そもそも、発達障害のある人たちの多くは、自分が納得することなく何かを取り入れることはほとんどないので、言うまでもないことかもしれませんが……）。

この本は、あくまでみなさんにとって「人生の攻略法を探ってもらうための材料」です。この本から得たノウハウをもとに、自分なりに納得するやり方を編み出してもらえたらい い。そう思って、この本を書き進めていきました。

本書を通じて、みなさんがこれまで「弱点」だと思っていた個性を、強みに変えることができたならば、こんなにうれしいことはありません。

目次

発達障害と仕事 自分らしく働くために

第2章 「空気が読めない」からこそ、天才的な発想力を活かせる！

第3章

論理的思考力の高さを最大限活かす方法とは？

第4章 私たちの十八番《おはこ》「過集中」を使いこなす！

第5章 仲間がいればこだわりさんの強みは無限大に

第1章

苦手が得意に変わる「パターン化」の極意

コツ01

最適なパターンさえ見つければ仕事はうまくいく

シチュエーションごとのパターンを覚えればOK

こだわりさんが、仕事と向き合うとき、最初に重要視するべきは「パターン化」だと私は思います。こだわりさんに多いのは、臨機応変な対応が大の苦手という人。でも、一方で、**起こった出来事の中からルールや法則を見いだして、それを記憶し、反復することは大得意です。**

仕事の際も、「こういうシチュエーションはこうやって対応すればいい」とパターン化をしてそれを反復してしまえば、ミスは格段に減ります。

仕事によって、仕事相手や任される仕事の内容、納期などが変わってくるので、仕事をパターン化することなど不可能ではないかと思う人もいるでしょう。たしかに厳密に言えば詳細は違いますが、大まかにとらえれば仕事はそこまで臨機応変さが求められるものではありません。ただし、とにかくパターン化すれば良い、というわけではなく、どうパターン化するか？　が非常に重要になってきます。

私自身が製薬会社のMRという営業職で働いていた初期の頃は、いつも失敗ばかりでした。営業の仕事は自社の製品を知ってもらい、買ってもらうこと。それ以外のことは不要だし、無駄だと思っていたからです。その工程を単純化すれば「病院に行く↓担当のお医者さんに会う↓薬をすすめる↓気に入ってもらったら、その薬を導入してもらう」という流れだけが必要だと思っていたのです。

だから、病院に営業に行って、担当の先生に会うと、まず開口一番に、

「先生、こういう商品があります。ぜひご検討いただけませんか？」

と商品を売り込むことから始めていました。

しかし、先生からは「帰ってくれる？」と冷たい一言。ときには、無理に先生を引き留めて、商品の説明を延々と続けてしまい、クレームに近いお叱りを受けたこともありました。私自身としては、「自分はただ商品の良いところを知ってもらおうとしただけなのに、なんで怒られるんだろう？　先生も忙しいから、単刀直入に話をしただけなのに……」と、納得がいかない思いでいっぱいでした。

しかし、自分は失敗続きなのに、周囲の同期たちは徐々に営業成績が上がってきていて、新しい契約もたくさん取っています。優秀な同期に囲まれつつ、「これはやばい！　やり方を変えなくては……」と焦ります。そこで、周囲の先輩のやり方を盗み見てみたり、営業の本を読んだりして、いろいろと考えました。そして、気がついたのは、「自分には『世間話』という工程が抜けていた」ということ。正直、当時の私は、世間話なんてただの時間の無駄だろうと思っていたので、先生方と雑談をしようなどという気は全くありませんでした。ただ、自分では納得していないものの、どんな営業に関連する本であっても世間話の重要性が説かれています。ここまでみんなが「必要だ」と言うのならば必要なはずです。そこで、「自分では無駄だと思っても、とりあえずパターンの中に取り入れてみよう」と決めました。

そのうち、確立されたのが、次のようなパターンでした。

①営業先についたら、まずは、お礼から入る

担当の先生に会ったら、「この前は、うちの薬を入れていただいてありがとうございました！」などのお礼から入る。お礼を言われて嫌がる人はいないので、会って早々から嫌な顔をされる確率が大幅ダウン。

↓

②時事ネタや世間話などを持ちだして、アイスブレイクする

「最近はああいう症例が話題になっていますが、こういう噂もあるんですよね」という医療業界の話から、「先生のお子さん、もう今年で受験生ですね。大変じゃないですか？」などプライベートな話まで、振ってみる。

↓

③本題の薬の話で営業する

「そして、先生。今回、こういう薬がうちの会社から発売されまして……」と、営業したい薬の話をしてみる。

↓

④クロージング

相手の機嫌が良い場合は、契約の話を持ち出してみる。

相手の機嫌が悪い場合は、諦めて撤退する。

一度パターンとして取り入れてしまえば、もう後はこちらのものです。特に悩むこともなく、どんどんリピートできるようになりました。「雑談」という工程をパターンに組み込んだおかげで、だんだん成果が上がっていき、改めて「雑談」の威力を思い知ったのです。

雑談の内容は、メモを取ってパターン化する

しかし、雑談というものはすごく難しいもので、いまだに私自身も得意ではありません。ただ、雑談のテーマ選びは、努力でなんとかクリアできます。特に、営業時の雑談については、自分の好みは全く無視して、とにかく相手の興味のありそうな話題に特化するようにパターン化していました。

相手の好きな話題をふれれば、たいていの人は喜んでくれるので、そのテーマに関する質問を投げかけるだけでOKです。どうやって雑談の内容を選んでいたかというと、私の場合は、毎回先生との会話をメモしていたので、その中から、「この先生は釣りに興味があるんだな」「この先生はお子さんがいて、来年は受験なんだな」などと話題をピックアップしていました。

なお、なぜ私が先生との会話をメモするという大変手間のかかることをしていたかというと、私が問題社員だったために、上司から社内で唯一、「訪問先の先生とした会話を日報に書いておけ」と厳命を受けていたからです。この日報を書くのは非常に手間がかかるので本当に大変な思いをしていました。しかし、今にして思えば、それぞれの先生の好みがわかったのは、この日報のおかげでした。

私がやっていたように会話のすべてを書き起こすのは大変なので、先生からもらった名刺に、「この先生はネコが好き」「この先生はゴルフに毎週行っている」などと、メモしておくだけでも十分だと思います。

先生と話をしたら、その内容をメモして、そのメモから雑談ネタを拾っておくという行為をパターン化すると、無理なく雑談のネタをピックアップできるはずです。

一度、「この仕事にはこのスタイルを当てはめよう」というパターンを確立すれば、その場で臨機応変に状況を判断しなくても、ある程度は、〝自動化〟できるので、「このパターンはどうしたらいいんだろう？」と焦ることもなければ、変な行動を取って大きなミスをおかすリスクを大幅に減らすことができます。

「空気を読む」はコミュニケーション手段のひとつでしかない

次のポイントは、「相手の機嫌を見計らう」という点です。

その場の空気を読むのが苦手な人が多いASDからすると、「機嫌を見計らう」のは非常に難しい作業です。私自身もそうですが、特にASD気質の強いこだわりさんは、「空気を読んで相手の表情をうかがうのが苦手」な人が多いです。これについては、どんなに頑張って発達障害でない人のように「空気を読もう」と思っても、なかなかうまくいきません。

私の場合は、空気が読めないことが原因で、上司や先輩にいつも責められていました。しかし、その責められる原因は「空気が読めない」こと自体ではなく「空気が読めないと営業はできない」という固定観念が原因だったと思っています。

営業に限らず、ビジネスをする上でコミュニケーションは必要なので、相手の気持ちを読み取る必要はあります。ただ、「空気を読む」というのは、相手の気持ちをくみ取るスキルのひとつの手段でしかありません。それ以外にも相手の意図を読む方法はあるので、本来は「空気を読む」ことだけが正解ではないのです。

もちろん、空気を読めたほうが楽だし、正直、私もそのスキルはうらやましいです。でも、それができない以上は、別の方法で攻略するしかありません。飛び道具が使えなかったとしても勝負を諦める必要はなく、格闘技を極めて、自分のフィールドに持ち込んで戦えばよいのです。

逆に考えれば、「空気を読む」以外にコミュニケーションを円滑にする手段を探して、パターンとして習得してしまえば、こだわりさんが直面している問題はだいぶ解決されます。

そこで、私がとった手段は、先生たちの機嫌を見極めるのに、「表情、足の向き、ボディランゲージ」という3つのポイントを重視して、パターン化していくことでした。

①表情

笑顔が続いているときは、機嫌が良いので、多少長話をしたり、契約に持ち込もうとしたりしても大丈夫。笑顔がなかったり、口角が下がったりしているときは、機嫌が悪いときなので、案内だけにとどめて、早めにその場から退散する。

②足の向き

心理学的に人間は自分の行きたい方向に足を向ける傾向があると言われています。「早く話を切り上げたい」と思っている人は、足が出口のほうに向いていることが多いと言われるので、先生のつま先が出口のほうに向いているときは、早めに商談を切り上げていました。

③ボディランゲージ

話に興味があるときは、身を乗り出す一方、興味がないときは、背もたれにもたれかかったり、体を引き気味にしたりしていることが多いと言われています。

あとは、「鼻歌を歌っていれば機嫌が良い」「動作が粗いときは機嫌が悪い」などその人個人に当てはまる無数のパターンを記憶することで、クライアントの機嫌を察知するようにしていました。

ごくごくシンプルな手法ばかりですが、意外とこの単純な方法が功を奏して、先生たちからクレームを受けたり、怒られたりすることは減っていき、次第に周囲の同僚たちよりも営業成績が伸びる……という奇跡的な出来事も起こりました。

コツ02 装備する武器を迷う前に、敵と戦いまくれ！

行動量を増やすことで、正解パターンに近づく

行動をパターン化する上で、どんな人でも避けて通れないのが「とにかく行動量を増やして、たくさんのサンプルを実践してみる」ことです。よりたくさんのサンプルをこなすことで、その中から正解を見つけ出し、その正解をパターン化する必要があります。

いろいろなバージョンを試すということは、それだけ数多くの失敗をすることと同じです。失敗するのが怖いという気持ちは、痛いほどよくわかります。でも、失敗しないと、正解のパターンはなかなか習得できません。

なぜかというと、この世の中のシステムは、基本的には発達障害でない人に合わせてつくられています。発達障害でない人の感覚で「良し」とされている通りに動くと、発達障害でない人たちとは思考方法や行動原理が違うこだわりさんは失敗しやすいと思います。

まるで、短距離走が得意なのに、長距離走の試合に出ているようなもの。だからこそ、トライを重ねて、微調整をしていかないと、成功パターンを摑《つか》むことができないのです。

人によっては知識を事前に詰め込むだけで、新しいことに挑戦できる人もいると思います。しかし、私の場合は非常に不器用なので、誰かに言われたことをその通りやったつもりでも、うまくできないことが多くありました。言葉の外にある微妙なニュアンスを汲み取ることができず、その通りに再現できないのです。

つまり、人から教わった言葉だけの知識では、成功パターンを摑むことはできない。こだわりさんは、実際にたくさん行動してみないと正攻法は見つからないのだと、もう諦めてしまいましょう。しかし、一度諦めがつけばふっきれて、なんでもチャレンジできるようになりますし、それは、こだわりさんにとって、強みにもなると私は思っています。

発達障害でない人は、周囲の目などを気にして失敗に対して臆病《おくびょう》になりがちですが、それに比べると**こだわりさんは周囲の目を気にしない人が多いので、失敗することに物怖じせずに行動できます。**この特性を活かして、どんどん「成功パターンのためのサンプル集め」をするために、行動量を増やしてほしいと思います。

電話口の相手によって、使う武器を選べ！

サンプルを集めるために、私自身がやったのは、

- **ひとつの行動でも毎回成功するまでパターンを変えてみること**
- **人が躊躇《ちゅうちょ》することでも率先して行動すること**
- **人から成功パターンの話を聞くこと**
- **本をたくさん読んで、状況に合わせた対処法を学ぶこと**

などです。

例えば、私が26歳で起業したとき、最初に取り組んだ仕事は新規営業先開拓のためのテレアポでした。それまで、一度もテレアポというものをしたことがなかったので、初めは当然のごとく顧客を一切取ることができません。

正直、最初は落ち込みましたが、「成功事例をパターン化すれば、契約が取れるんじゃないか？　この失敗は、成功事例を確立するためのサンプル集めと同じだ！」と考えて、

失敗を怖がらなくなりました。

まず、何も考えずに、どんどん電話をかけていきます。そして、ガチャンと相手から電話を切られたら、

「電話越しで最初から、『新規人材獲得ツールをご説明させてください』と言ったのが、いかにも営業電話っぽくて良くなかったのかもしれない。今度は、『御社に新しい人材を紹介するお電話です』と、その会社のメリットになりそうな言い方にしてみよう」

と、アレンジしてみる。すると、担当者に代わってもらえる確率が高くなることがわかりました。

次第に、電話口に出たのが男性なのか女性なのか、年配なのか若いのかなど、相手がどんな人なのかにより、変えていくことが重要ということに気がつきました。

まず、少し話をしてから「結論から話したほうがよい人」と「世間話をしてから本題を切り出したほうがよい人」を分けます。前者の場合は、すぐに自社の製品の説明をします。そして、後者の場合は、最近の人材派遣業界関係の時事問題などの世間話を簡単にしてから、本題に入っていきました。また、人によって声のトーンや言葉遣いなどもパターン化していきました。

こうやって見るとすごく緻密《ちみつ》なことをしているように感じてしまうかもしれません。しかし、アレンジして成功パターンを模索する行為は、ロールプレイングゲームなどで、敵の弱点などに合わせて、剣や槍、弓矢など適切な武器を選ぶのと似ています。そう考えると、そこまで難しくもなさそうではないでしょうか。また、自分のレベルではかなわなそうな相手ならば、早々に撤退して傷を浅くすることも必要です。

テレアポでも、武器を選ぶように、

「この人には落ち着いた話し方をしたほうが良さそうだな」

「この人は友達みたいにフランクな話し方のほうが、話が通じそうだな」

「この人は話を聞いてくれなさそうだから、早めに撤収しよう」

などと、相手によって選ぶ言葉やトーン、話すときの姿勢を変えていきました。そして、ひたすら繰り返していくうちに、何個かうまくいくパターンが出てきます。

何度も失敗を重ねると、成功パターンを見つけることが宝探しのような感覚になっていきます。失敗するたびに、「この方法は使えないなら、次はこれだ！」と、いろいろな方法に挑戦していました。そして、２００回ほど失敗した末、ようやく「これがいいんじゃないか」という成功パターンが生まれました。この成功パターンを摑んでから、さらに

200回ほど電話をかけたあと、気がついた頃には、社内で私のテレアポによる契約成立数は一番になっていました。

「たくさん失敗して、自分のスタイルのバリエーションを増やし、その中から自分にとっての正解を見つけていく」というスタイルは、私のみならず、実はいろいろなビジネスパーソンの方がやっているということもわかっていきました。以前、営業トークがうまいと評判の営業パーソンの方にお会いして話を聞いたとき、その方からも「ひとまずいろいろな人に話しかけて、相手によっていろいろな会話のパターンを増やしていくことで、営業トークもうまくなっていった」というテクニックを教えてもらい、自分の行動は間違っていなかったのだなと確信しました。

一度パターンをつくってしまえば、持ち前の几帳面さで、そのパターンをきちんと踏襲できるはずです。ぜひ、あなたにとっての正解パターンを見つけてください。

コツ03

真っ先に海へと飛び込むペンギンになれ

誰よりも早く実践すれば、誰よりも早く学べる

正解パターンをいち早く習得するために、行動量を増やすのと同時に必要なことがあります。それは、「誰よりも早く実践して、誰よりも早く習得する」ということ。

新しい仕事を任されたとき、最初から最後までやり方の道筋ができてから手をつけるという人が、こだわりさんには多くいると思います。私も以前はそうでしたが、「誰よりも先にやったほうが得である」ということに気がついてからは、周囲の人々が、「これはどうやってやったらいいんだろう?」「どういう方法が適切なんだろうか?」とためらっている間に、とにかく一度手を出してみるようになりました。

戦略もなく、何も考えずに挑戦すれば、当然のごとく失敗します。なので、最初に手を出すと、ほぼ間違いなく失敗はします。でも、少なくとも失敗した経験値を手に入れるこ

とができ、その分だけ他の人たちよりも一歩先に踏み出すことができます。

言ってみれば、セミナーの後にある質問タイムのようなものです。

大人数いるセミナーで、司会の人が「どなたかご質問ありませんか?」と言って、誰も手を挙げずにシーンとしている光景をたびたび見かけることがあります。こういうときに、いち早く手を挙げて質問する。仮にその質問に自信がなくても、失敗してもよいので、とにかく誰よりも質問することが大事なのです。**発達障害でない人では緊張してしまうかもしれませんが、そこであえて空気を読まないのが私たち、こだわりさんの強み。**以前、発達障害のある知人が某有名企業の社長のセミナーでこれと同じ行動を取ったところ、セミナー中の人たちから注目を浴びて、最後はその社長と握手した上に、サイン本まで直々《じきじき》にもらうことができたと喜んでいました。

ファーストペンギンになると、周囲から重宝される

この「最初に挑戦する」という行動が、重宝されることはよくあります。

例えば、私はＡＤＨＤ的な特性から、人一倍忘れ物が多い会社員でした。

支給されたパソコンやスマートフォンなども、気がつけば、どこかでなくしてしまう。

社内の同期の中では、誰よりも最初に始末書を書いた人間だったと思います。しかし、あえてそれを肯定的にとらえると、同期の誰よりもトラブル対処の経験が豊富だとも言えます。

会社員として仕事をしていると、ときには同期で同じようになくし物をしてしまう人が現れます。そんなとき、「銀河くん、始末書の書き方を知っていたよね？　教えてくれる？」と、失敗体験について聞きたいという人が現れるようになり、それ以来、「困ったことが起きたときは、あいつに聞けばいい」と言われ、同期の間では重宝されました。

ペンギンは群れで行動しますが、その群れの先頭に立ち、最初に海に飛び込むペンギンがいます。これに例えて、ビジネスなどでもリスクを恐れず、新ジャンルに最初に挑戦する人のことを「ファーストペンギン」と呼びますが、まさにそれと同じこと。何でもいいので誰よりも最初にその仕事に身を投じれば、それだけで周囲の人に頼られるようにもなります。

セミナーの質問やトラブルに限らず、社内のプロジェクトでも積極的に手を挙げて、最初にチャレンジすることを重ねていくと、周囲の人たちからは、「あいつはチャレンジするやつだ」という評価も得られます。すると、自分の中の肯定感も上がります。

誰よりも早く行動を起こす最大のポイントは、失敗しても許されやすいという点です。仮に失敗したとしても、「まだ誰も挑戦していなかったんだから、失敗してもしょうがないよね」と周囲の人々の見る目が甘くなるのもメリットです。

なお、みんなが躊躇する中で、私が早めに挑戦してよかったもの。そのひとつがＴｗｉｔｔｅｒです。ＡＳＤの人は自閉的な傾向があるので、自分から発信することに慣れていない人が多いように思います。事実、私自身も、昔はそうでした。

しかし、まだ世の中の人が誰も「発達障害をプラスにする」というキーワードを掲げていないということに気がついてから、この言葉を発信するファーストペンギンになろうと考えて、Ｔｗｉｔｔｅｒを始めました。

以来、いろいろな発達障害の方からご連絡をいただくようになりましたし、こうして本を書く機会にも恵まれて、より自分のメッセージを強く発信できるようにもなりました。みんなが怖がって、何もしない場面でこそ、最初に何か行動を起こすこと。それによって、その後、思ってもみなかったような成果が生まれてくるのです。

コツ04

相手によって「パターン化」を自由自在に駆使

プライベートトークが好きか嫌いかを見極める

本書でも再三にわたってお伝えしているように、空気を読むのが苦手な人が多いＡＳＤの人にとって、最も苦手なことのひとつは「空気を読んで人とコミュニケーションすること」だと言われています。コツ01では「営業先の人とのコミュニケーション」をご紹介しましたが、人間関係のコミュニケーションは人数が増えれば増えるほどに困難を極めていきます。そこで、私は人数や相手との関係性といったシチュエーションごとに、自分の行動をパターン化するようにしています。

ここでは、シチュエーション別に、私が実践しているコミュニケーションのパターンをいくつかご紹介します。

コツ01でもご紹介したように、クライアントとのトークの場合は、「相手に合わせること」が一番大切です。「相手に合わせる」というパターンはあるものの、少し難しいのは、相手によって接し方を多少変えなければならないという点です。

例えば、友達のように接したほうが喜ばれるパターンもあれば、ビジネスライクに接するほうが喜ばれるパターンもあります。

どちらのほうが好きなタイプの人なのかを見極めるために、

①最初はどんな人にでもビジネスライクに接する

②相手にプライベートな話題を振ってみる。何かプライベートな情報が出てきたら、「この人はたくさん話をしたい人」だと認定して、よりフランクな友達モードに切り替えてみる。もしもプライベートな話が出てこない人の場合は、「あまり話をしたくない人」だと認定して、できるだけビジネスライクなトーンを継続する。

というパターンを繰り返していました。

上司や先輩など目上の人と1対1で話すときは、とにかく相手を立てる

１対１のときは、純粋に相手がどう思っているのかを表情や声のトーンから判別し、全体の話の流れを摑めれば問題ありません。上司や先輩など目上の人と話をするときに一番重要なのが、相手を立てることをパターン化することです。以前の私にはこの発想が全くなく、上司の言う意見に対して、「それは違うんじゃないですか」と反論したり、先輩が話をしているところに平気でカットインしたりして、相手から白い目で見られていました。

しかし、何度もこうした失敗を繰り返していった末、自分は何が悪いのだろうかと考えるようになりました。そこで、思い当たったのが、「仮に正しい指摘であったとしても、すぐに相手の意見に反論してしまうと、その人から『敵』だと思われてしまう。そんなふうに敵対されても何も自分が得することはない。だったら、相手を立てて、共感して、『自分は敵ではなくあなたの味方である』ということを、姿勢で示さなければならないのではないか」ということでした。

でも、共感していることを雰囲気で伝えられるほど、コミュニケーションが得意なわけではないので、以来、私が上司や先輩といった目上の人と接するときに「どんな意見であろうと、目上の人の意見は、必ず一度は『その通りですね』と受け入れる」と決めました。

しかし、クライアントと違うのは、上司や先輩の場合はただ従っておけばいいわけではなく、仮に目上の人であっても認識違いや間違っている点があるときには、自分の意見を言わねばならないことです。もしも「これは相手が間違っているな」「これは勘違いしているかもしれないから、一言伝えたほうがいいかもしれない」と思ったときは、「共感した後、持論を展開する」というパターンを実践するようにしています。

相手が自分と違う意見を持っていたとしても、必ず、「そうですね。おっしゃる通りですね」と共感し、受け入れて、相手に味方であることを示します。何か自分が言いたいことがあるとしたら、「おっしゃる通りですね（共感）。ちなみに私はこんなふうにも思うのですが（持論）」と、一度相手の意見に同意した後に持論を展開するようにしています。

このように、相手から敵認定されない会話のパターンを意識するようになってからは、目上の人とのトラブルがぐっと減りました。

同僚と接するときは、競争ではなく協力を

同僚は上司やクライアントほどには気を遣わなくてもよい相手ではありますが、意識しているのは「競争」ではなく「協力」するということです。

ＡＳＤの人の中には、プライドが高くて自分を誇示したがる人も少なからずいます。事実、私自身も昔はプライドが高くて、「自分一人で何でもできる」と思っていました。会社員時代も、人を頼らずに自分の力だけで何でもやれると思い込んでいて、何かに誘われても、「俺はいいよ、一人でできるから」と断っていましたし、飲み会などにもあまり参加しておらず、周囲から孤立することも多かったのです。

しかし、社内テストが行われたとき、考え方が変わりました。

社内テストに向けて、私一人が必死で勉強しているのに、周囲の同僚たちはみんな余裕の表情です。なぜだろうと思ったら、なんと事前に同僚たちの間では、テストの裏技が共有されていたということが発覚しました。同僚たちになじもうとしていなかった私は一人蚊帳《かや》の外で、テストにおける裏技を教えてもらえなかったわけです。

そのとき、「一人ではできないこともたくさんある。同僚とは『競争』するよりも、『協力』するほうがうまくいくのだな……」と気づかされました。

起業することになってから、より一層、「一人では何もできない」ということを痛感させられることが増えました。人間、一人でできることは限られています。

プライドを捨てて、「自分だけではなく、人の手を借りる」ことをパターン化してしまうほうが、仕事も楽になるし、良い情報が手に入ることも多いのだと、ぜひ心してほしいです。

会議で複数人と話すときは、流れに水を差さないのが鉄則

1対1での会話に比べて、複数の人と同時に話すことは、空気を読むのが苦手なこだわりさんにとってぐっと難易度が上がります。さらに、会議で難しいのは、その場の人間関係が非常に複雑だということです。会議に出席している人の中で、単純に職位が上の人だからその人の言うことにすべて従っておけばいいというわけではありません。同じ職位の上司であっても、その二人の関係性や他の人に対する影響力によって何かしらの上下関係が存在します。また、先輩社員同士の間でも力関係はあるし、好き嫌いなどもあります。

発達障害でない人は、この複雑な人間関係を、「この人を立てなきゃいけないんだな」「この人の発言には同意しておいたほうがいいんだな」とその場の空気を察することができるので、本当にすごいな……と思ってしまうのですが、ASDである私の場合は「察する」ことができないので、先に挙げた「上の人を立てる」という場合にしても、誰を立てるべきなのかよくわからず、それを気にしながら話をするのが非常に難しいのです。

正直、いまだに会議は苦手で、10人以上になると、ほぼお手上げ状態です。

でも、ビジネスにおいて、会議は避けて通れないので、複数人と同時に話すときの成功パターンをなんとかして模索し続けました。

まず、一番に気をつけているのは、「会議の流れに水を差さない」ということ。無駄に思えることをやりたくないと考える傾向が強いのがＡＳＤの人。だからこそ、その会議の主題が無意味に思えれば、何も考えずに異論を呈してしまいます。以前の私がよくやっては失敗していたのが、「そもそも論」を言い出して、会議の流れをぶった切るということでした。

例えば、病院内の処方の売り上げを伸ばそうとして、これまでに注目していなかったエリアで新たな施策を行うことが決まり、その内容について会議で検討しているとします。みんなが「どんな施策をしたら、処方の数が伸びるのだろうか」と知恵を振り絞り、いろいろなリサーチを進めている会議で、私は「なんで、そもそもこのエリアで施策をする必要があるんですか？　むしろ別のエリアでやったほうが、効率がいいと思います。今からでも、方針転換したほうがいいんじゃないですか？」などと、空気を読まずに水を差してしまうわけです。

会議は多くの人の労力と時間を費やしている

もしかしたら、同じ会議に出席している人の中にも私と同じように、「結局、このエリアで頑張ったって、意味がないだろう」という意見を持った人がいたかもしれません。だとしても、普通の感覚を持っている人であれば、その感想をわざわざ会議で発言することはありません。なぜなら、すでにそれは決定事項であり、多くの人が動き、労力と時間を費やしてきたものを発表する場だとわかっているからです。

私が先ほどお話しした「別のエリアでやったほうが……」という発言は、そもそもの決定事項に異論を唱えた上、その会議に向けて大勢の人たちが準備してきたものを無駄にするような発言なわけなので、当然、周囲からは冷たい目で見られます。今当時を思い出しても、「たいして経験値もない新人社員のくせに、なんて人でなしな発言をしていたのだろうか……」と冷や汗が出ます。当然、この発言をした後、会社の人たちからは、蛇蝎《だかつ》のごとく嫌われていきました。

こうした経験で痛い思いをした後、私は、「会議というものは、それに向けて、すでに多くの人が労力を割《さ》いている場なので、どんなに自分が無駄だと思っていることでも、そもそも決まっている事柄に対して、異論を呈してはならないのだ」と気がつきました。それ以来、「進行中のものについては、絶対に自分は口出ししないようにしよう」と、決意しました。以来、大人数の会議で、大きなトラブルを起こしたことはありません。

自分の意見を言いたいときは、ワンクッション入れる

会議中に、どうしても、自分の意見を言いたいときは、パターンも決めています。

そんなときは、「本当に申し訳ありません！　そもそも論の余計な意見になってしまうのですけれども……」と謝り、自分が会議の会話に水を差していると自覚していることを伝えることで、周囲の反応はぐっと変わってきます。

それから、あまりにも大人数での会議が強いストレスになるならば、「大人数の会議がいらない環境に移る」というのも手だと思っています。私が現在所属している会社は、社員が４人（２０２０年当時）しかいません。４人だと、読まなければいけない空気のようなものはほとんどないので非常に気が楽です。転職するまではいかなくても、会議のときはできるだけ少人数になるように調整するのも、おすすめです。

コツ05

自分のパフォーマンスすらもパターン化するべし

仕事ができる日とできない日の波

こだわりさんはその日の体調に思考や感情を強く左右されがちで、発達障害でない人に比べると、できる日とできない日の差が非常に大きいです。発達障害でない人が調子の良い日が10、悪い日が0だとしたら、こだわりさんの場合は調子の良い日がプラス１００、悪い日はマイナス１００になります。発達障害でない人と比べると、良いときは10倍くらい、悪いときは１００倍くらい振れ幅は大きいのではないかと思います。

調子が良い日に仕事をすれば頭が高速回転して、いつもは時間がかかる仕事も集中してサクサク終わりますし、アイディアがいくらでも湧き出て止まらない状態になります。こんなときは、「自分、すごいんじゃないか！」などと調子に乗りまくります。一方、調子が悪い日に無理して仕事をすれば、事態は最悪です。スマホや大切な書類をなくしてしまったり、失言が続いたりと、何をやっても失敗ばかり。

こうした「仕事ができる日とできない日の波」が調整できずに、悩んでしまうこだわりさんは決して少なくないのではないでしょうか。ただ、体調が悪いときに、それを無視して、頑張って体調を戻そうとしても難しいものです。そして、最悪なのは無理すること。体調が悪いのに無理していつもと同じように動こうとすると、失敗が増えて効率が悪いだけではなく、気持ちもうつっぽくなってしまい、その後の体調にも影響を与えます。私自身もかつてはそうでしたが、短期間だけ集中して頑張るものの、その後は丸２日間くらいベッドから起き上がれない……というような状況も起こりえます。

休むのにも体力や気力が必要

仕事というものは、連続性が大事です。だから、私のように短期間だけは集中が続くものの、その後、使い物にならなくなるという状況を繰り返してしまうと、どうしても仕事に穴があいてしまい、周囲からの信頼を失ってしまいがちになります。

ロールプレイングゲームに例えるなら、体に毒が回って徐々に体力が削られているのに、回復しないまま、敵に捨て身で攻撃し続けたせいで体力を使い切って死んでしまう……というような状態。

そんな状態の中で無理をすると、脳と体をしっかりと休ませない状態が続くので、気づかないうちに体力や気力を全部使い切ってしまいます。私はうつ病になって初めて知りましたが、寝るのにも体力がいるので、体力や気力を全部失った状態で休もうとしても、時はすでに遅し。眠る力すらなくなってしまい、熟睡できなくなってしまいます。こうした状態のときは、心が不安定になっているので、いろいろな不安が頭をよぎってしまい、寝つきも悪くなります。私自身、うつ病になる前は不安と疲労のせいで明日が来るのが怖く、毎日3～4時間しか眠れない日々が続き、結局は体も心もダウンしてしまいました。

体調変化の兆候を知っておく

だから、こだわりさんにとって、体調というものは非常に重要な要素です。

それ以降、私がどうしたかというと、まずは、自分はどんなときに調子が良くて、どんなときに調子が悪いのかを知ることにしました。もともと、体調に対しては、かなり感覚鈍麻なため、自分の調子を知るのは不得意なタイプでしたが、自分の体調変化の兆候を知ることで、なんとか察知しようとしたのです。

まず、調子が良いときの兆候のひとつは、「いろいろな欲が出てくる」というものです。調子が良いときは、頭がフル回転して、いろいろなアイディアが湧いてきて、「あれもやりたい」「これもやりたい」と、やりたいことが溢れ出てきます。こんなふうに「何かをやりたい！」と強く思えるような状況のときは、仕事をしても早く終わるし、良いアイディアが出せるし、人と会っていても気持ち良く時間を過ごすことができます。

ただ、一方で頭が働きすぎて、過度に集中しすぎてしまう「過集中」と呼ばれる状態によく陥ります。過集中に陥ると、短期的には能力を発揮できますが、そのときに体力と気力を使いすぎて、その後、2〜3日間ほど体が使いものにならなくなってしまうので、この状態に陥ったときは、作業の合間に適宜休憩を取るように心がけています。

そして、自分の調子が悪いときにありがちな兆候のひとつは、無意識に甘いものをドカ食いしてしまうこと。普段から甘いものが好きなので、おやつにチョコレート菓子を食べることが多いのですが、普段は1箱も食べれば十分満足するはずなのに、疲れているときは、恐ろしいことに2箱以上ぺろりと食べてしまいます。だからこそ、甘いものをいつも以上にたくさん食べている日は、「自分は今、体調が悪いんだな」と思って、休むようにしています。

そして、体調が悪いときのもうひとつの兆候は、普段できていたことができなくなるという点です。普段よりも部屋が荒れてきたり、洗濯物がたまっていたりするのは、普段なら簡単にできる掃除や洗濯ができなくなっているということ。そんなときは、ひとまず掃除や洗濯は後回しにして、まずはゆっくり休むようにしていました。ものすごく些細なことではありますが、そうした予兆に注意しておくことで、だいぶ自分の行動をコントロールすることができるようになりました。

体調が良いとき、悪いときの行動パターンを考えよう

体調の予兆を調べた後にやったのは、体調の良し悪しに合わせて、自分の行動をパターン化させることです。私の場合は、普段は自分から積極的に人に話しかけたりはしないのですが、調子が良いときはいろいろな人を会食に誘ってみたり、新しい場所に行ったりと、何かしら新しいことにチャレンジするよう心がけるようになりました。**調子が良いときは、普段よりも頭の回転も良いし気持ちも強くなっているので、苦手なことも普段よりもうまくいくことが多いです。このときをプラスに利用すれば、人並み以上のパフォーマンスを出すことだってできるわけです。**

調子が悪いときに徹底しているのは、無理せずに休むこと。会社などを欠勤するのはなかなか難しいですが、どうしても休めないときには最初から周囲の人に「今日は体調が悪いので、迷惑かけるかもしれないけど、ごめんね」と一言加えておく。これについては後述しますが、こういう事態に備えて、ぜひ日頃から一見無駄に見える人間関係の構築に力を入れてほしいと思います。また、休むこと自体に罪悪感を覚える人もいるかもしれませんが、今ここで無理するほうが事態は悪くなるし、休むことで調子が良くなれば元は取れる……くらいの気持ちで休むほうが望ましいです。

自分の体調をしっかりと認識すること。体調に合わせて、自分のやるべき仕事を設定すること。休むことに罪悪感を持たないこと。ぜひ、心がけてみてください。

コツ06

「If thenプランニング」を使ったパターン化を心がける

継続する仕組みを作れば、高いスキルが手に入る!

パターンをつくるのは得意だけれども、それを継続するのが苦手というのは、こだわりさんには案外ありがちなことです。なぜ継続が苦手かというと、こだわりが強い割には、飽きっぽい人が多いからです。

私自身も飽きっぽくて、以前一度ブログを書こうと決意して、1日1記事書く秘策を編み出したものの、何記事か書いたら「もういいや」と放り出してしまいました。また、健康に気をつけるために毎朝ジムでランニングをしようと心に決めて、「三日坊主にならないように、次の日の準備を毎晩してから眠るようにしよう。すぐに着替えられるように洋服も全部枕元に置いておこう」とパターン化自体はしたものの、それだけに満足してしまい、5日間くらい経ったら、いつの間にかジムには行かなくなってしまったこともありました。

継続するのが苦手だと何が一番問題なのかというと、継続して何かを積み上げていくことができないので、高いスキルを身につけられないという点です。

それを打開してくれるのが、ここで紹介する「Ｉｆ ｔｈｅｎプランニング」です。

これは、コロンビア大学ビジネススクールモチベーション・サイエンスセンター副所長で社会心理学者のハイディ・グラント教授が提唱したテクニックなのですが、やり方は非常に簡単で、「もし（Ｉｆ）Ａをしたら、そのとき（ｔｈｅｎ）Ｂをする」と、何かをするときに、別の何かをすることをルール化するというものです。

毎日必ずやる習慣に、取り入れたい習慣をくっつけるだけ

ルールをつくるときのポイントは、１日の中で必ずやる習慣に、自分が新たに取り入れたい習慣をくっつけるというものです。例えば、私が実践しているのは、「もし朝起きたら、就寝時間と起床時間を書いて、生活習慣を見直す」というものです。「朝起きる」ことは、毎日寝る人であれば、必ず起こりうる出来事です。このように、「お手洗いに行ったらスクワットをする」「歯を磨いたら、薬を飲む」などは有効です。これに対して、「ジ

ムに行ったときに○○する」とか「友達に会ったときに▲▲する」などといった、たまにしかやらないようなものはルール化しづらいので、なかなか習慣としては定着しません。

この「Ｉｆ　ｔｈｅｎプランニング」がなぜこだわりさんに有効なのかというと、私たちはルールが一度決まってしまえば、それをしっかり守ることを心がける特性を持っているからです。一度習慣化してしまえば、飽きっぽい人であったとしても、自分にとって良い習慣として取り入れることができます。

仕事にも使える「Ｉｆ　ｔｈｅｎプランニング」

最初はルールであっても、ある程度それを繰り返すと習慣になるので、意識しなくなるまでは頑張ってルールを守ろうとしました。私自身はとても飽きっぽかったのですが、この「Ｉｆ　ｔｈｅｎプランニング」は見事にハマりました。

仕事にもいろいろと応用できるようになって、「もしＴｗｉｔｔｅｒで、イベント参加のＤＭがきたら、その人の名前をすぐにリストに書き込む。そして、ＺｏｏｍのＵＲＬを送るためにすぐにＤＭに返信する」など、ワンセットでの行動を心がけるようにしました。

以前は、ＴｗｉｔｔｅｒのＤＭがきても、頭の中で、「後でやろう」ととどめておくだけですぐにやらないので、どうしても穴が出てＤＭを送りそびれる……というようなことも頻繁《ひんぱん》にありました。しかし、「Ｉｆ　ｔｈｅｎプランニング」でいろいろなことをワンセットに行動するようにしたら、ミスが大きく減りました。

また、ときには、「今日はやろうと思っていたのに、できなかった」という日もあるかもしれません。そんなできない日があっても、「次の日にまたやろう」と気持ちを切り替えることができればＯＫです。続けないことが一番もったいないので、一日、二日のやらない日があったとしても「またやろう」と思えれば、いくらでもスタートを切り直せます。

コツ07

TTPの法則

ゼロから作るより他人のパターンをマネしたほうが早い

「新たなスキルを覚えたい」「いろいろなことができるようになりたい」と思ったとき、非常に効果的だったのが「TTP」です。これは、自分がいいなぁと思ったものを「徹底的に（TT）パクる（P）」の略語です。いろいろなビジネス本でもすでに紹介されているテクニックですが、TTPはこだわりさんにとって、非常に有効な手法だと思いました。

なぜかというと、こだわりさんは、ゼロから自分で全部やろうとするのは得意ではない人が多いけれども、決まっているものをやることは得意だからです。また、道筋がわからないものに対しては、不安を抱いて挑戦することを最初から諦めてしまいがちですが、一度目標が設定できたら、とことんそれをやり抜くのも上手です。だから、「自分がやりたいことをすでにやっていて、うまくいっている人」をとにかくマネしていくことを心がけましょう。すると、より早くゴールに近づけるようになります。

私自身がＴｗｉｔｔｅｒで発信をはじめた当初は、当然ながらフォロワーは０人でした。どうやったらフォロワーを増やせるのだろうと考えた末、人気のあるインフルエンサーさんやブロガーさんがやっていることをパクりまくりました。例えば、「『いいね』をしまくる」「リプライをしまくる」「企画をやる」などなど。すると、１年間でフォロワーさんが３０００人を突破。有名人に比べたらものすごく多い数字というわけではないですが、一般人の私がここまでフォロワーを増やせたのは、まさにＴＴＰの成果だと思います。

テクニックをＴＴＰできたら自分用にアレンジ

ただ、ここでポイントなのは、ある程度パクるのに慣れてきたら、今度は自分なりのアレンジを加えていくということです。

武道などでよく言われる「守破離《しゅはり》」と同じです。「守」とは、師匠の教えや型を忠実に守って、自分の体に徹底的にその教えや型を身につけるというフェーズです。続いて「破」は、ほかの教えや型などの中から良いものを取り入れ、発展させるというフェーズ。最終段階の「離」は、そうしていろいろな教えを取り込んだ後、独自の手法を持つ新しい教えや型として確立するというフェーズになります。

最初はＴＴＰすることが大切ですが、その道で成功している人の言っていることがすべて自分にも当てはまるわけではありません。人によって状況は違うので、その人が言ったことを全部やったからといって、自分も成功するとは限らないわけです。

だから、仮に「これをやったら伸びますよ」「これをやったらうまくいきますよ」と書いてあったとしても、それを鵜《う》呑《の》みにするだけではうまくいきません。こだわりさんは、他人の言葉を鵜呑みにしやすいところがある人が多いのですが、ＴＴＰして、しばらくやってみて慣れてきたら、自分なりのやり方を探すことが重要になってきます。

例えば、Ｔｗｉｔｔｅｒで人気のあるインフルエンサーさんが以前、「前向きになれたこと選手権をやります！　自分が前向きになれたことを書いてください」というような企画を提案して、話題を呼んでいたことがありました。そこで、私も「発達障害で良かったと思うことを挙げてもらう選手権をやります！」とツイートしてみて、発達障害の方からたくさんのメッセージをもらったこともあります。

なお、ここで注意しておきますが、いろいろと挑戦してみると、８～９割方は失敗します。私自身のＴｗｉｔｔｅｒを例に挙げても、いろいろなインフルエンサーのネタをパク

実際のツイート

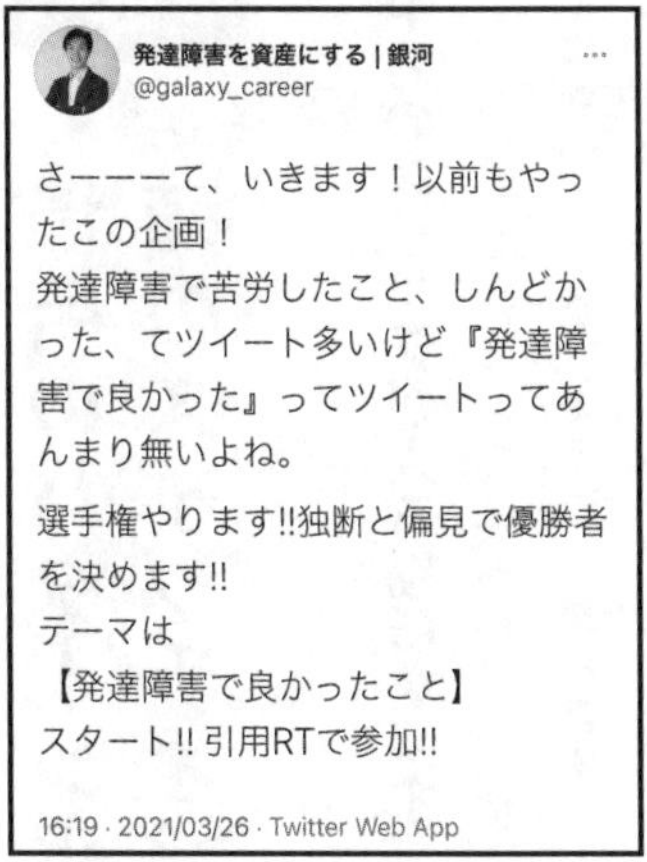
発達障害を資産にする | 銀河
@galaxy_career

さーーーて、いきます！以前もやったこの企画！
発達障害で苦労したこと、しんどかった、てツイート多いけど『発達障害で良かった』ってツイートってあんまり無いよね。

選手権やります!!独断と偏見で優勝者を決めます!!
テーマは
【発達障害で良かったこと】
スタート!! 引用RTで参加!!

16:19 · 2021/03/26 · Twitter Web App

2021年3月にしたツイートは100件以上リツイートされています。

ってアレンジしましたが、最初の8〜9割方は滑りましたし、スルーされていました。でも、愚直に「ＴＰの後にアレンジする」というサイクルを繰り返すことで、今ではだいぶ自分のスタイルが確立できてきたように思います。

「失敗はパターン化づくりの親である」というマインドを持ち続けて、ぜひ果敢にチャレンジしてみてください。

コツ08

場所のパターン化で頭のスイッチオン！

集中力のスイッチが入る場所を探す

こだわりさんに多いのは、集中力の高い人。**ただ、集中力のスイッチを入れるのは、得意ではない人が多いような気がします。上手にスイッチをオンできれば、集中力を高めて仕事に没頭できるし、高い成果も上げられます。**でも、スイッチが上手に切り替わらなければ、いつまでもグダグダして、無為な時間を過ごしてしまいます。

なので、こだわりさんにとって、この「集中力のスイッチのオン・オフを上手に切り替える」ということは、最重要課題です。ちなみに私の場合、スイッチのオン・オフを上手に切り替える上で、実践してよかったのは「場所を変えること」でした。以前はオフィスで仕事をするのが一般的でしたが、最近はテレワークで自宅、あるいは屋外など自由に仕事をする場所が選べるようになってきているので、ぜひこの方法は活用してほしいと思います。

こだわりさんに多いのは、環境に敏感な人。例えば、ファミレスのように頻繁にピンポーンという呼び出し音が鳴る環境ではうるさすぎて集中力が途切れてしまうという人もいますし、匂いに敏感で油の匂いが漂うようなファストフード店では何も手につかなくなるという人もいるようです。

ちなみに私自身は、周囲の「色」が気になるタイプで、マクドナルドのように赤や黄色の派手な店内だと気が散ってしまいます。だから好むのは、青や淡い赤などの落ち着いた色が主体となっているような場所です。こういう環境で仕事をすると、集中力も上がるし、効率も上がるように思います。

良い場所を見つけたらリピートする

色以外だと、「家から近い都内にある」「Ｗｉ－Ｆｉがある」「パソコンを触っている人が、自分以外にもたくさんいる場所」に行きます。

条件面だけが当てはまっていたとしても、細かなところにこだわるこだわりさんも多いです。「静かな場所だから大丈夫だと思っていたら、微妙に伝わる些細な振動が気になってしまって集中できなかった」などというケースもよくあります。実際に行ってみないと好き嫌いがわからないので、一度良い場所を見つけたら、その場所をきちんと覚えておいて、同じ場所に通い詰めるのがおすすめです。そして、その場所へ通い詰めれば、次第に「その場所に行くと頭のスイッチが切り替わる」というパターン化に成功します。

そうなれば「今から集中しよう！」「今からリラックスしよう！」と自分が気合を入れなくても、自然と頭が切り替わってくれます。

なお「ここは相性が合わない」と思った場所は、無理せずどんどん変えましょう。理由がわからなくても、「なんだかうまくいかないな」という場所で無理して続けたり、その場所に慣れようとしたりするよりは、さっさとその場所には見切りをつけて、新しい場所を探しにいくほうが、頭のスイッチは切り替わりやすいと思います。

場所と行動をセットにすることで、パターン化する

なお、集中力をオンにして仕事に取り掛かる場所だけではなく、しっかり休むための場所も大切です。特に、今の時代は、スマホでいつでもメールがチェックできてしまうので、仕事から逃れられないという人も多いのではないでしょうか。そんなときには、「徹底的

にリラックスできる場所」を確保しておきましょう。

私の場合は、「自分が集中できる場所」と「リラックスして癒やされる場所」を何か所か確保しています。現在、私がリラックスする場所として決めているのは、近くに川が流れていて、自然を眺めながらぼんやりできるカフェです。天井が高くて、開放感があるので、初めてその店に行ったときに、「あぁ、この店はすごく気持ちがいいな」と気に入ってしまい、以来、休みたいと思うときは、このカフェに行くようになりました。そうやって「場所」と「行動」をワンセットにしておくと、その場所に行くと、どんなに仕事で煮詰まっていても、気持ちがリセットされるようになり、頭の中が自然と整理されていきます。

また、この場所にいるときは自分の中のスイッチを完全にオフにしたいので、スマホやパソコンも持っていきません。誰からの連絡を待つこともなく、ただひたすらのんびりします。

コツ09

ありがとうのパターン化で味方を増やせ

なんだかうまくいかないときは、感謝が足りていない可能性が高い

「何気ない一言で、たくさん損をしてきた」
「いつの間にか嫌われていることが多い」
「自分は何かしたつもりはないけど、相手をすごく傷つけてしまうことがあった」
「正直な一言が、相手を不快にさせていた」
「気づいたときには、周りに誰もいなくなっていた」

そんな経験をしたことがあるこだわりさんは、自分の中で感謝の敷居が高くなっている可能性が高いので、とにかくなんでもいいから他人に「ありがとうございます」と感謝する言葉を伝えるようにしてほしいです。

かつては私自身も、他人に全く感謝をしない、あるいはありがたいと感じてもそれを相手に伝えることがない人間でした。昔の私が他人に感謝するタイミングは、「自分が本当にうれしいと思ったとき」だけ。それ以外は、ほとんど「ありがとうございます」という一言を言うことがありませんでした。今考えてみれば、本当に嫌なやつだったと思います。

例えば、先輩に何かを教えてもらっても、お礼を言わない。上司が自分をフォローしてくれたとしても、何も言わない。なぜ、お礼を言わなかったのかというと、「会社組織にいる以上、先輩や上司が後輩や部下をケアするのは当たり前のことであって、義務である。だから、わざわざ自分がお礼を言う必要はない」と思っていたのです（ますます、ひどい話です）。

しかし、そんなことを繰り返していれば、周囲の人は当然「なんだかあいつは感じが悪いよね」「恩知らずだよね」と思うようになっていきます。次第に「あいつには協力しない」という雰囲気がどんどん社内に広がっていって、私は一人社内で孤立していきました。でも、その当時は理由がわからず、「どうして私は人から嫌われているんだろう？」とただただ、悲しい気持ちでした。

「ありがとう」は、自分の味方を増やす必殺技

ところがそんなとき、社内でも数少ない自分をかわいがってくれる上司から「人間は理論で動くのではない。感情で動くんだ」と注意され、それがきっかけで「自分がうれしいかどうかという基準でお礼を言うのではなくて、とりあえず相手が自分に何かしてくれたら、お礼を言うようにしよう」と決めました。自分にとっては必要がないと思うものであっても、そんな些細なことによって、相手の反応が変わるならば、やらない手はありません。

最初は上司の言葉は半信半疑でしたし、まるでテンプレートのように「ありがとうございます」とお礼を言うようにしていたので、相手から見れば相当ぎこちない感謝だったと思います。でも、言わないでいたときに比べると、圧倒的に相手の表情は柔らかくなり、対応もどんどん変化していきました。こうした経験を通じて、ようやく「人に感謝を伝えることは、人間関係で欠かせないことなんだ」ということを思い知りました。なぜ、こんな簡単なことなのに、今まで自分はこれをやらなかったのか、と強く後悔しました。

「ありがとう」と感謝を伝えるメリットは、その人との関係が良くなること。そして、もうひとつ重要なのが、その人に何かお願いごとをした際、引き受けてもらう確率が何十倍

にも上がることです。つまり、「ありがとう」というたったひとつの感謝の言葉によって、相手が敵になるか味方になるか分かれてしまう。

これは、私にとっては本当に驚きでした。

発達障害でない人は当たり前のように、無意識でやっているこの「感謝」というものが、人間関係にどれほどの影響を与えているのかを、20代半ばにして初めて知ったわけです。

感謝はテンプレートでもなんとかなる

それ以来、「どういう場面で感謝が伝えられるか」を徹底的に考えるようにして、「こういうことを言われたら、こういうふうに感謝をしよう」というパターンをどんどん決めていきました。ここで、私が使っているいくつかのテンプレートをご紹介します。

●誰かに何かを教えてもらったとき

「こういうところが勉強になりました。ありがとうございます」と感情を込めて伝える。

それに、相手に教えてもらった部分で印象的だったところを一言添える。

●誰かにミスをカバーしてもらったとき

「ミスをカバーしていただいてありがとうございます。自分はこういうミスをしてしまって、心底不安だったんですが、おかげさまでこれからも頑張っていけます。今後はミスを取り返していくために頑張ります」と、不安だった気持ちなどと合わせて伝える。

●アポイントメントの時間を取ってもらったとき

「貴重なお時間をいただいてありがとうございます。お話を伺えるのが今からとても楽しみです」などと、喜びの感情を交えて伝える。

●誰かに会った後にメールを送るとき

「今日はお時間をいただいてありがとうございました。この話のこのあたりがとても勉強になりました。次回もどうぞよろしくお願いいたします」と、実際に聞いた話を一言添えて、お礼を言う。

そのほか、どんな小さいことであっても、何かしてもらった際は、「ＤＭに返信していただいてありがとうございます」「すぐに返信してくださってありがとうございます」と、必ず一言は感謝を伝えるようにしています。大事なことなのでもう一度言いますが、「自分がどう思ったか」ではなくて、とにかく他人に何かをしてもらったら「ありがとうございます」と伝えることが大事なのです。そうすることで、「相手の味方である」ということが、言葉を通じて伝わるからです。

「ありがとう」「勉強になります」「うれしいです」などとポジティブな言葉を伝えられて、悪い気持ちになる人はいません。そして、ポジティブな言葉を伝えて、相手の人にハッピーになってもらえれば、「あ、この人は味方なんだな」と思ってもらいやすくなります。すると次に相談ごとをしたときには、協力してくれるようになります。感謝することで、相手の人が幸せになってくれて、自分も幸せになれるのだから、感謝しない手はありません。「ありがとう」は、これがないと人間関係は成り立たない上、何の負担もなく自分の味方を増やしてくれる必殺技なのです。

コツ10

百里を行く者は九十里を半ばとす

9割終わったときに、「まだ半分くらいしか終わってない」

ここまでご紹介してきたように、一見、自分が「面倒くさい」「苦手だな」と思っていることをパターン化して、いろいろな攻略法として身につけていくのが、こだわりさんの必勝法です。

その勝ち方をより磨いていくために、どうしても避けて通れないのが「継続」です。これは、特にADHD気質のあるこだわりさんにとっては、非常に大きな難問です。先にも紹介したように、ADHD気質が強いと、途中で飽きてしまったり、止めてしまったりすることが非常に増えていきます。でも、その「飽き」をなんとかして倒して乗り越えないと、すごい成果を出すことはできません。

何かを投げ出しそうになったときや、飽きて放り出そうとしたときなど、私が日頃心にとめているのは、「百里を行く者は九十里を半ばとす」という言葉です。これはどういう意味かというと、何事も終わりに近づくほど大切になってくるので、最後まで気を緩めずにしっかりと努力しなければならないということ。こだわりさんは、途中で何かを諦めてしまいがちな人が多いと思いますが、90％の段階まできたときに「ここまではまだ半分だ」と思って取り組んで、そこを乗り越えることができれば良い結果が待っているのだと考えるわけです。

完全に精神論ではあるのですが、この考え方には私は非常によくハマりました。

10％の最後の詰めに、労力の半分を注げ

この「百里を行く者は九十里を半ばとす」の精神が役立つのは、最後の詰めの部分です。こだわりさんには飽きっぽい人が多いので、最後の詰めを後回しにしてしまいがち。9割方、完成させることはできたけれども、最後の最後で「もうこれでいいか」と放置してしまって、最後に詰め切ることができずに、歯がゆい思いをしたことは、私自身何度もありました。

例えば、プレゼンでパワーポイントを作るにしても、一番説明が必要な最後の結論部分

がなかなか作れずに、後回しにしてしまう。その結果、途中まではうまくできていたのに、直前になって慌てて大切な結論の部分を作ったせいで、ちっともプレゼンの反響は良くなく、自分でも「最後のあそこで頑張れていれば……」と何度も落ち込みました。

でも、最後の詰めを後回しにするのではなく、「ここがまだ折り返し地点だ」と思って取り組み、最後のラストスパートで根性を見せられれば、ぐっと仕上がりが変わってきます。

もしも、「もういいや」と思いそうになったときには、心の中で、「いやいや、〝百里を行く者は九十里を半ばとす〟だから、ここはまだ半分しか終わっていない。ここでちゃんとやらないと、これまでのものがすべて無駄になってしまう。あと半分、気合を入れて進まねば！」と、考えるようにしてみてください。これは、騙されたと思ってやってみてもらうくらいでも大丈夫です。**こだわりさんは、「無駄なことはしたくない」という損得勘定に敏感な人が多いので、「これまでやってきたものが無駄になってしまう！　まだ折り返し地点にすぎないんだ」という危機感を持てば、体が動く人も多いのではないでしょうか。**

そんなの思い込みじゃないかと言われるかもしれませんが、このマインドを持つようになってからは、資格試験も読書も筋トレも三日坊主だった私が、いろいろなことを継続できるようになりました。すると、今度はその続けられたことが自信になっていって、気持ちも上向くし、自信も出るし、結果も出てくるようになります。その次は、すでに継続できたものとは別のものに新しくチャレンジして継続できるようになるなど、いいことずくめでした。

９割の地点で気持ちを引き締められるかどうかで、結果は大きく変わってくる。

精神論や根性論かもしれませんが、自分にとってお守りになったり、テンションを上げたりしてくれるものは、何でも頼って、使い倒せばいいと私は思っています。

第2章

「空気が読めない」からこそ、天才的な発想力を活かせる！

コツ11

仕事で失敗しても死にはしない

失敗は「うまくいかないパターン」を見つける作業

コツ02でもお伝えした通り、パターンを作る上で重要なことは、失敗することです。

様々な発達障害の人にコーチングをしているときに実感することは、失敗することです。自己肯定感が下がってしまっている人がとても多いことです。私たちがいかに「失敗したくない！」と思ったとしても、発達障害でない人々によってつくられた社会の中では「宇宙人」である私たちは、この世界のルールで生きる以上、失敗することは残念ながら多いです。

なぜこだわりさんは、発達障害でない人よりも失敗することが多いのか。誤解を恐れずに言うならば、発達障害でない人に比べると、想像力が乏しい人が多いのがＡＳＤのあるこだわりさん。発達障害でない人であれば「こういう行動を取ったら失敗するかもしれない」と自然に考えるであろう想像力がすっぽりと抜け落ちています。目の前に大きな穴があいている場所で、発達障害でない人は「穴に落ちたら危ないな」と迂回《うかい》できるのに、こだわりさんにはその穴が見えず、直進し、穴に落ちてケガをしてしまう……といった感覚でしょうか。

これは、仕事においても同様です。発達障害でない人々は行動する前に様々なリスクを想定し、行動を抑制していく方向に舵《かじ》を切るため、リスクやミスが少ない方法を選んで仕事をしていきます。しかし、こだわりさんの場合は、想像力が乏しいので、目の前のリスクがそもそも浮かんでこない。私の場合は、何かを始めるときには「成功する図」しか見えていないことが大半です。そして、実際にやってみると失敗して「あ、こんな失敗があるんだ」と理解する。発達障害でない人が「それ、やる前から失敗するってわかっていたでしょう?」と思うようなことでも平気で挑戦し、失敗するわけです。**しかしこれは、考えようによっては、「失敗を恐れずにチャレンジできる資質を持っている」とも言うことができます。**

「失敗するのは怖い」「恥ずかしい」と躊躇するのは誰にでもあることだと思います。でも、もともと失敗を恐れずチャレンジできる特性を持っていたのに、失敗を繰り返した結果、失敗が怖くなってしまうのはもったいない。だったらいっそのこと「失敗はうまくいかないパターンを見つける過程のひとつである」と割り切ってしまう思い切りが大切なのだと思います。

どんなに失敗しても、この日本では死ぬことはない

私自身、「『失敗に対する恐怖心が人よりも少ない』ということは、長所だな」と思ったことは何度もあります。

例えば、以前の職場でMRをしていた頃、すぐ怒鳴ることで知られており、みんなから恐れられている大病院の先生がいたのですが、私は周りの人々が止めるのも聞かず、その先生に真っ先に営業のアプローチをかけました。当然、その先生からは「突然の営業は失礼じゃないか！」とものすごく怒られてしまいました。しばらくアプローチは抑えたものの、その後も、「そろそろもう一度いけるかな」とタイミングを見計らい、突撃しては、懲《こ》りずに同じ失敗を繰り返していました。怒られたときは、先生に加えて先輩社員や上司にも強く叱責されました。「どうして無謀なことをするのか」と怒られましたが、自分としては成果を出そうと挑戦したにもかかわらず、先輩社員や上司に怒られることは、なん

とも腑《ふ》に落ちない上に、つらいことでした。

しかし、最後には何とかその先生から契約を取ることができて、周囲の人からは「勇気があったね」と褒《ほ》められたことがあります。自分としては、失敗のイメージが描けていなかったからこそ、アプローチができただけなのですが、その際に、「この〝怖いもの知らず〟な性質は、意外とプラスなんじゃないかな」と思ったのを覚えています。

現代は戦国時代でもありませんし、多少失敗したとしても、この平和な日本に生きている限り、死ぬことはありません。**私たちは最初から「危機感がない」「物怖じしない」という特性を持って生まれついた以上、「失敗に対する危機感のなさ」は、「何でも挑戦できる」という長所だと、ぜひ肯定してください。**

失敗は自分が頑張っている証拠

では、実際に失敗したときは、どんなふうにしてプラスに変えればよいのでしょうか。

先に挙げた例のように、私自身もこれまでにとんでもない数の失敗をしてきました。そして、今でも毎日全力で失敗を繰り返しています。大きな失敗から小さな失敗まで、数えてみれば１日に20～30個くらいは失敗していると思います。

最近も、自分が主催しているトークセッションで登壇依頼をした相手とのスケジュール調整が詰め切れておらず、当日その人がトークに現れない……という失敗がありました。その方が現れないのは仕方がないので、急遽《きゅうきょ》自分が代わりに話すことに。もちろん、参加していただいた方には最初にものすごく謝り、なんとかことなきを得ることができました。内輪の会だったからこそ、なんとかカバーができた出来事でしたが、もしクライアントがいる案件だったりした場合を考えるとゾッとします。これはおそらく、「メールを送って、特に相手から返信がなければ、相手は了承しているということだろう」という楽観的な思い込みがあったせいだと思います。

しかし、この失敗によって、「うまくいかないパターン」がひとつ見つかりました。その次は、それをしないか、もしくは、その失敗を防ぐためには、どういう対策をとればいいのかを考えればいいわけです。それ以降、「イベントに登壇者が現れない」という事態を防ぐために、イベント前日にリマインドメールを送って、翌日の登壇の意思を最終確認するようになりました。さらに、イベント当日にも、会場までのアクセスやオンラインで参加するための詳しい手順などを書いたメールを再送します。そうすることで、自分が依頼した相手が、イベントの時間や場所を間違えたりすることがゼロになりました。

「ミスのない人生」に憧れる人もいるかもしれませんが、失敗したときこそが成長のタイミング。失敗は、自分が頑張っている証拠なのです。

試行錯誤を繰り返す「ゲーム感覚」が成功を呼ぶ

失敗を受け入れる上で、私自身がよく考えているのは「仕事はゲームである」という感覚です。日々直面する様々な失敗を次の成功に向けて活用するのは、ゲームで攻略法を見つけて、次はこの手、次はこの手……とどんどん試してみるのと似ています。もちろん、同じステージで二度三度失敗することもあるでしょう。

でも、何度も繰り返すうちに、プレイヤーとしてのスキルが上がり、覚えたパターンを駆使して、どんな敵でも適切に対応できるようになります。失敗を重ねて、上達すればするほど、思い描いた成功に近づき、そのステージをクリアできるのです。

私もそうなのですが、こだわりさんには、ゲーム好きな人が多いです。科学的に詳しいことはわからないのですが、ＡＳＤやＡＤＨＤの人は脳内の報酬系が普通の人と少し違っていて、すぐに結果が出るものに対して快楽を感じる傾向にあるそうです。ゲームはやったらやった分だけすぐに成果が出るものなので、ハマってしまい、脳がその快楽を求めるがために、睡眠時間を削ってでもやり続けてしまうそうです。

失敗はできればしたくないですが、「ゲーム攻略のようなものだ」と考えるようになってからは、気が楽になりましたし、何回でも試行錯誤できるようになりました。

コツ12 みんなが敬遠する仕事こそ狙え

リスクを考えないで、何でも手を挙げてやってみる

こだわりさんによる「空気を読まない言動」は、しばしば〝良くないもの〟とされ、組織の中では能力を発揮できないと言われることがあります。**しかし、「こうあるべき」という世の中の常識にとらわれない自由な発想こそが、こだわりさんの最強の武器でもあり、ほかの人には考えられない、課題を解決できる可能性を秘めています。**その特性を活かすために、私がまずおすすめしたいのは「リスクを考えずに、ひとまず何でも手を挙げてみる」ということ。

古くて大きな組織ほど、前例がないものは失敗を招くリスクがあるためにやらない……という選択をしがちです。新たに何かを始める際に、前例や慣例にならって安定したやり方を選んでしまいます。そうした組織にいればいるほど、失敗は恥ずかしいと思い、「空

気を読んで」新しいチャレンジができる機会を自ら遠ざけてしまうのです。

しかし、周囲が「空気を読んだ状態」だからこそ、「人がやりたがらない仕事」を率先してやることで、ほかの人と大きく差をつけることができます。会社員時代の私は、社内で前例がないプロジェクトが立ち上がり、人員を募集していたときは、必ず率先して、誰よりも先に「やります！」と手を挙げていました。

もちろん、そんな中で成功すれば最高ですが、前例がないことなので、当然ながら失敗することが大半でした。**ただ、第1章でもお伝えしたように、こだわりさんは「失敗」から、成功パターンを掴み、そのパターンを繰り返すことに長けています。**

むしろ、前例のない中で失敗することで、自らの失敗が目立ちにくくなり、周囲から許してもらいやすくなりますし、「よくチャレンジをしたな」と周囲の評価も上がることでしょう。

さらに、未知の領域であればあるほどに、「失敗」も貴重な情報です。その失敗を周囲にきちんと報告・共有できれば、ほかの人の成功の糧《かて》にもなります。つまり、「誰もやっていないこと」であれば、たとえ失敗したとしても、大きなプラスになるのです。

人が手を緩めてしまうところでも、全力でやりきる

「ほかの人がやらないこと」の中でも、こだわりさんが手を挙げるべきは「他人が手を抜きがちなこと」や「他人が敬遠しそうなこと」だと私は思っています。言葉を選ばずにズバリ言ってしまうと、他人が手を抜いていることで頑張ると、目立つからです。

会社員時代、自社で販売する薬の普及のため、医師向けの勉強会を企画して、日頃お世話になっている病院のお医者さんたちを呼ぼうという取り組みが行われたことがあります。その際、多くの同僚たちは、自分たちのクライアントとなるお医者さんのうち2〜3人しか呼んでいませんでした。

そこで私は、「みんながあまり人を呼ばないのであれば、自分がここで大人数を呼んだら、目立てるのではないか？」と思い、あえてクライアントである医師たちに積極的に声をかけることを決めました。その結果、私が呼んだのは10人以上。他の同僚たちの何倍もの人を呼ぶことに成功。社内のイベント主催者をはじめ、多くの人から「あいつは意外と頼りになる」という評価を得ることができました。

なぜ、私にそれだけのクライアントを呼べたのかというと、単に「本気」で誘っていただからにすぎません。また、勉強会に呼ぶ、という行為は先生に大切な時間を割いていただ

くことになります。もしも、その会が期待外れなものだったら……など、多くの周りの人はリスクを恐れていたのです。そのようなリスクには目もくれず、空気を読まずに成果を出すことに注力して、チャレンジしました。

ほかの多くの人は「お医者さんは忙しいし、きっと声をかけても迷惑だろう」「どうせ営業ノルマには関係ないし、そんなことに時間を使うのなら新薬の契約を取ってくることに時間を使いたい」などと「手を抜いて」声をかけていたのだと思います。みんなそこまで本気になって誘わないから、成果も出ない。これは当然のことです。

ただ、私の場合、それを逆手《さかて》にとって、顧客に何のメリットがあるかを考え、自分の中で何回もやりとりを練習して、クライアントに声をかけました。私自身が「これだけ魅力的なイベントなのだから、絶対に人を呼ぶぞ」という前提のもと動いていたため、結果が変わってくるのは当然です。

労力は多少かかっているものの、その見返りは非常に大きかったと思っています。ほかの人が手を緩めてしまうところを頑張ると、周囲の人ができていない分、相対的に目立ちます。クラスで普段特別目立つわけではない子が、みんなが手を抜いて走りがちなマラソン大会で、一人だけ一生懸命走った末に良いタイムを出す。そして、「いつもはパッとしないのに、なんだかすごい子だったんだな」と思われるのと同じようなものです。仕事の場面でも同じようにポイントを稼いでおくと、「お前はすごいな」「よく頑張ったな」と褒められ、社内での評価も上がっていくわけです。

できない仕事を受けてしまったときは迷わず頼ろう

ときには「頑張って手を挙げてみたけれども、どうしても自分の手には余る……」というような事態が起こることもあります。

どうしてもできない仕事を引き受けてしまったときの必殺技が「先輩など同僚に頼ること」です。自分一人ではできないとわかったら、早めに「これ、手伝ってもらえませんか？」と周囲の人に聞いてみましょう。先輩からもアドバイスをもらえる上、その仕事を手伝ってくれる人とつないでもらえるなど、仕事の解決に大きく近づくはずです。さらに、自分から頼ると相手に好かれやすくなるため、先輩と仲良くなることもできます。なお人に頼るためには、ある程度日頃から人間関係を構築しておくことが非常に大切になってくるので、その方法については、第5章で中心的にご紹介していこうと思います。

コツ13

非常識力をアイディアの源泉に

空気が読めない人は、なぜ嫌われるのか？

こだわりさんには「話したいこと」に向かって一本道で話すのが苦手な人が多いと思います。あっちへ飛んで、こっちへ飛んで……。それはしばしば聞いている人を混乱させてしまい、「結局、何が言いたいの？」「空気を読まないで、自分のしたい話だけをするやつだな」と思われてしまいやすくなります。

何かの話題を話しているときに、発達障害でない人はそれに関連する話題を続けるのが一般的です。でも、こだわりさんの場合は、その話題から1個も2個もトピックがずれたテーマで話をしてしまうのです。

例えば、誰かとAという本の話をしていたとして、そのときBという本のCという著者のことを思い出したとします。発達障害でない人であれば、そのCの話を思いついたとしても、「Aという本と似ている本で、Bという本があって、その作者のCという人がいるんだけど、この人にこんな逸話があるんだよ」と、「A↓B↓C」の関連性について、細かく説明します。ただ、私の場合は、この過程をすべて無視して、「Aという本は本当におもしろいですよね。そういえば、Cという人がいるんですけどね、この人がすごくおもしろくて……」と、いきなり作者であるCという人物の話を始めてしまいます。私の頭の中では「A↓B↓C」には一連の関連性があるわけですが、Bという本の存在を知らない相手の人からすれば、「あれ、Aという本の話をしていたのに、なんでいきなりCという知らない人の話になっているんだろう?」と戸惑ってしまいます。

この「話が急に飛ぶ」という現象は、こだわりさんと話をしていると、よく起こる現象です。これは、「自分が理解している状態」と「相手が理解している状態」に差があることに想像が及ばず、つい「自分の理解していることは相手も理解しているのだろう」と勘違いしてしまうからこそ。本人の頭の中では、ものすごく高度な連想ゲームが起こっていて、自然な流れに感じるのですが、聞いている相手は連想ゲームをしているつもりはそもそもないので、予想外な話の流れに違和感を持ち、「この人は空気が読めないな」と嫌がられてしまうのです。

そもそも、なぜ「空気が読めない人」は嫌われるのでしょうか。

私も「空気が読めない人」と言われても、「なんで空気が読めないのは悪いことなのか」がちっともわかっていませんでした。しかし、それには理由があるようです。

人間の脳は、予想外の問題に出くわすと非常に疲れを感じ、エネルギーを大量に消費してしまうそうです。そのため、脳内で「脳を無駄に疲れさせたくない」という本能が働くので、予想外の話をされることを無意識に嫌う傾向があるとのことです。だからこそ、相手にとって予想外のことを話し続けると、「この人と一緒にいると疲れるな」と嫌がられてしまうのです。

これが「空気が読めない人」が、多くの人にイライラされる大きな原因なのです。

空気を読んだ会話を進めるコツ

こだわりさんが、コミュニケーションで難を抱えるのは、この「話が飛びすぎて空気が読めない」というのも大きな点。それに気がついてから、私が気をつけているのは「人と話していて話題を変えるときには極力、脳内の連想ゲームを1ステップしか飛ばないようにすること」です。

先に書いた本の話であれば、

・Aと似た本にBという本がある（1ステップ）

←

・Bという本の作者であるCさんがこういうことをしている（2ステップ）

と、きちんとステップごとに説明すれば、受け入れてもらえます。自分の頭の中で行われた連想ゲームを、その順序通りに相手にきちんと伝えることが肝心です。そうすれば相手も予想ができる範囲で話が進んでいくため、嫌がられないはずです。

「話が飛びすぎる」のは、発想力が強い証拠

思考が飛びすぎるのは悪いことだと思ってしまうかもしれませんが、一方で、この能力は、別のもの同士をつなげる能力が高い証拠でもあります。**先の例で言えば「Aという本」と「Cという作者」という一見あまり関係のないものをつなげることができるのは、発想力という才能だと思います。こだわりさんは、思考する情報量も多いし、何かと何か**

をくっつける能力が非常に高い。だからこそ、その発想をきちんと説明するステップを踏むことさえできれば、アイディア力があって知識が豊かな人だと思ってもらえやすいです。

実際、私自身、多くの発達障害の方々をコーチングしていて、想像力や発想力が豊かな人が非常に多いなと感じています。例えば、自作のパソコンを経営者に販売している方がこれまでのクライアントにいました。まるで、アップルの共同創業者の、スティーブ・ウォズニアックですよね。想像力や発想力があるからこそ、できることだと思いました。

多ジャンルで成功していたモデルケースを自分のビジネスにうまく結びつけて、大きな成果を生み出している……という方も、決して少なくありません。

異質なもの同士をつなげ、新しいアイディアを生み出す。頭の中で瞬時に、パッと「これをつなげたら、おもしろいんじゃないかな」「これとこれには似ているところがあるな」と発想できることは、私たちの大きな強みです。〝普通の人〟の〝常識〟にとらわれていないその非常識力を、アイディアの源泉としてうまく活用してください。

コツ14

目指すは不器用だけど正直なキャラ

こだわりさんの「素直さ」は大きな武器になる

こだわりさんには、思ったことをすぐ口にしてしまう、という人が多いと思います。結果、「空気が読めない」「相手の気持ちを考えていない」と言われてしまい、つらい思いをしたことがある人も多いのではないでしょうか。

たしかに、こだわりさんは嘘《うそ》やお世辞が苦手な傾向にあります。だからこそ、その場で思ったことを、後先考えず口にしてしまう。言ってしまえば、非常に正直な人たちなのです。例えば、こだわりさんは何か失敗があったときには、問い詰められる前から自分で白状してしまうような人が多い。変な嘘をつくと、後から自分の身を苦しめることになりますし、嘘をつくのが上手ではないので、すぐにバレてしまうケースも多いでしょう。

あまりにネガティブな意見の場合は、率直に伝えてしまうと相手を傷つけてしまうかも

しれません。ですが、反対に「ほかの人だと言いにくいことをはっきりと言うことができる」という点は、こだわりさんの持つ美徳だと私は思っています。

なかでも、「わからないことは、はっきりと『わからない』と言える点」は非常に強い武器になります。誰かと話をしているとき、自分が知らない話題やわからない単語が出ることがありますが、多くの人々は、「あぁ、なんとなくわかります」などとその場を切り抜けようとしがちです。

しかし、うまくその場を切り抜けるほうが賢く見えるかもしれませんが、実は、「いや、それについては知らないんです。教えてもらえますか？」と素直にはっきりと言ってしまうほうが勝ちです。なぜかというと、「相手からの信頼感が高まる」からです。

仕事というものは、信頼関係で成り立っています。ほんの少しのごまかしや嘘が、大きな惨事を引き起こすこともあります。だからこそ、仕事上では、多少性格が悪くても、知識不足に見えたとしても、相手にとって信頼感のある人であることは非常に大きな武器になります。

考えてみてください。いかに人柄が良い人であったとしても「大丈夫ですよ、納期に間に合わせます！」と言っておきながら、毎回仕事の納期を破る人と、多少愛想がなかったとしても必ず納期に間に合わせる人がいたとしたら、どちらと仕事をしたいと思うでしょうか。多くのビジネスパーソンは、間違いなく後者を選ぶと思います。

だからこそ、ビジネスにおいて、相手から信頼されないことは非常に大きなデメリットになります。知らないことを素直に「知らない」と言うのは、「この人はモノを知らないけれども、正直な人だな」と相手に思ってもらい、信頼を積み重ねるチャンスでもあります。

私がコーチングをした発達障害の方でも、その正直さを前面に出して、取りつくろうことをやめたら、クライアントから「あなたは不器用だけど、嘘をつかない正直な人だから、一緒に仕事をする気になった」と言ってもらえるようになり、仕事がスムーズになったという方は非常に多いです。このようなこだわりさんの特性である「正直さ」は、存分に有効活用してほしいと思います。

また、自分が知らない情報を知ったかぶりして、話が進んでしまっても、おそらく話の内容は理解できませんし、少しは理解できたとしても、その理解度は格段に下がるはずです。ときには、すごく重要な話をしているのに、自分は話が50％しか理解できていなくて、そのまま物事が進んでしまう……という恐ろしい事態を引き起こしかねません。「知らないことを『知らない』というのは恥ずかしい」とか「プライドに関わるから嫌だ」という人もいるかもしれませんが、ここは思い切って、そのプライドを捨ててください。私たちは嘘がもともと下手だということを自覚して、だからこそ、「知らないと素直に言ったほうが何倍も得だ」ということを、肝に銘じてもらいたいと思います。

明るく「わかりません!」と言って、後日フォローを

では、いざわからないことに遭遇《そうぐう》したときには、どんなふうに反応するのが良いのかというと、素直に明るく「わかりません!」と言ってしまうのが一番だと思います。

大切なのはその後です。後日メールや会ったときに「〇〇は、こういうことだったんですね。ありがとうございます。勉強になりました」と伝えてしまう。その場を取りつくろうよりも、そのほうが感じの良い人だなと思われて好かれます。

また、仮に実務で絶対に必要な知識を自分が知らなかった場合であったとしても、「これを知らないなんて、自分は本当にまずいですね、大変申し訳ない」と素直に謝りましょう。とにかく取りつくろわないことがポイントです。取りつくろおうとしても、こだわりさんの場合はボロが出ることが多いのです。私自身も一時期、そういう場面で取りつくろ

おうとしたこともありました。しかし、そのまま話を続けていると、だんだん話に齟齬《そご》が生まれてきて、相手から「あれ、この人この話を知らないな」と思われてしまうタイミングが１００％訪れます。その瞬間、「なんだかこの人は信用できないな……」と思われて、信頼を失ってしまうのは非常にもったいないことです。

信頼というものは、日に日に培《つちか》っていくものです。そして、失われた信頼を取り戻すのは簡単なことではありません。

だからこそ、最悪の事態に陥るよりは、「すみません、わかりません！」と言って、「正直にわからないことをわからないというキャラ」を貫いたほうが良い結果を生むはずです。

コツ15

職場で嫌われたときにすべきたったひとつのこと

孤立していることにも、なかなか気づけない

普通とは違うからという理由で、周囲に異物として扱われ、その言動を否定された経験はありませんか？　空気を読めないことの最大のデメリットは、自分が知らないうちに、いろいろな人に嫌われてしまい、味方が減っていくことです。しかし、こだわりさんは自分が空気を読めないことに気づいていないし、もっと言えば、自分が孤独になりかけていることにも気がつきません。

途中で気がつくことができれば、何らかのアクションを取れるのかもしれませんが、多くの場合は、気がついたときにはすでに時は遅し。周囲に味方はおらず、孤独になっている状態です。

私自身が会社員だったときも、実は長い間、自分が孤立しているという事実を知りませ

んでしたが、ある日突然「自分が社内で嫌われている！」ということに気がつきました。それは、ある寒い冬の朝でした。ほかの人が「今日は寒いですね！」と社内の人に言うと、「本当だよね、車が滑って怖かったよ」「寒いからあったかいものでも飲みたいよね」などと話題が広がるのに、私が「そうですね。今日は寒いですね」と口にした途端、みんなからスルーされ、話が全く広がっていきません。

しかし、こうした状態になっても、初期の頃は「なんだかおかしいな？」としか思っていなかったのですが、何度か同じことが重なっていくと、さすがにASDの私でも「あれ？　これってもしかして、社内で自分は嫌われているんじゃないか？」と気づき始めたのです。

そうなると、空気が読めない私でもさすがに「寂しい……」「つらい……」と思います。特に、当時の私は上司にとてつもなく嫌われており、「銀河を辞めさせてやろう」という雰囲気があったため、会社にいることがますますつらくなっていきました。

応援してくれる人は「必ず」いる

そんな孤立感が高まっているなか、支えとなったのが、数少ない応援してくれる人たちでした。本当に不思議なことですが、周りがどんなに敵だらけであっても、必ず自分を応援してくれる人はいます。

その割合は、イメージとしては全体の1~2割ほど。組織論では、優秀な人が2割、普通の人が6割、優秀でない人が2割いるとする「2：6：2の法則」がよく言われますが、全体の2割ほどは弱者に対して優しい人が存在します。私のように空気が読めず、社内の嫌われ者であった人間であっても、バカにせず、陰ながらフォローしてくれる人は必ずいました。以前、そういう人たちに「なぜ私に優しくしてくれるのですか」と聞いたとき、「自分もそういう失敗をしたことがあるからわかるよ」と言ってもらったことがあります。

感覚が近いのか、単にその方々が優しかったのかはわかりませんが、ほんのひと握りであっても、周囲になじめない自分に優しくしてくれる人は必ずいます。そして、そのほんのひと握りの人たちの支えがあったからこそ、私は会社に居続けられたのだと思います。会社で孤立感を抱いている人は、まず周囲に陰ながらの応援者がいないかどうか探してみてください。

「応援してくれる人」を大切にすれば、必ず味方は増える

周囲に、自分に対して肯定的に「頑張れ」と言ってくれたり、「大丈夫？」と適宜《てきぎ》、気遣ってくれたりする人がいる場合は、とにかく大切にしましょう。そして、積極的に頼りましょう。例えば、自分が困っているときや何かを相談したいときは、そういう人にどんどん声をかけていきましょう。それから、相談した後は、丁寧に「ありがとうございます」とお礼を言ったり、うまくいったときは「あなたのおかげです」と誠意を伝えたりしてみてください。応援してくれる人を大切にしていくと、「銀河はダメなやつだと言われているけれども、意外と素直でいいやつだよ」などと応援する人が周囲の人に伝えてくれるので、評判が上がり、自分を応援してくれる人が増えていきます。

もし今、あなたが「孤立していて、孤独を感じている」と思うならば、応援してくれる人の存在に少しでも早く気づいてください。あなたに味方は必ずいるという事実を、忘れないでほしいのです。万が一、そのような人が見つからないときは、すぐにその場所を出ましょう。そこまで深刻になっていたら、もう取り返しがつかない状況かもしれません。転職も人生のひとつの選択肢です。環境を変えてやり直しましょう。

コツ16 批判を気にせずやり続ける

周囲が無理だと言ってきても、信念を貫く

空気が読めないことは、こだわりさんにとって弱点ではなく、強みである。この章では、しつこいほどに繰り返しそれをお伝えしていこうと思っています。

こだわりさんはアイディアが豊富だし、ユニークです。しかし、その多くは世の中の「こうあるべき」といった常識を考慮していません。ユニークであるがゆえに、最初は疑問を持たれてしまう傾向も強いのです。

批判を言われてもめげずに活動を続けていると、マイナスな反応も増えていきます。また、仮に自分にとって賛同できる意見であっても、新しい意見であればあるほど、人は賛同することを躊躇します。なぜなら、新しいことほど、賛同するのには勇気がいるからです。だからこそ、新しいものはなかなか世には広まらないわけです。一方で、批判される

ようなことでも続けていると、賛同する人も増えていきます。逆に言えば、続けないと、賛同する人は出てきません。これが真理です。**こだわりさんにはマイペースな方が多く、周りを気にせずに行動を続けられる方が多いと思います。だからこそ、新しい主張や取り組みを続けることで、周囲から認められるようになるのです。**

例えば、私の場合も「発達障害をプラスにする」という主張をした際、当初はＳＮＳを中心にネット上で叩かれまくりました。

「そんなことはできるわけない」

「発達障害はあくまで障害なんだ」

とボロボロに言われ、サンドバッグのような状態になりました。しかし、それから１年以上、同じように発信を続けていますが、現在では、この本を出して、みなさんに発達障害であることの強みを伝えるご縁をいただくことができましたし、そのほかにも人前でお話をする機会をいただくなど、いろいろな展開が生まれてきています。

「空気を読めない」という特性を活かして、自分が信じて、これはいいと思ったことを始める。そうすると、誰かしら叩いてくる人は必ず現れます。でも、そうした叩いてくる人たちの批判など受けつけずに、迷わず、続けていくことが大切なのです。

主張し続けるモチベーションをいかにキープするか

何かしら自分の思いついたアイディアを実現化するためには、自分の思っている主張をとにかく継続し続けることが大事だとお伝えしました。しかし、どんなに鈍感な人であっても、周囲の人から叩かれ続ければ、次第にモチベーションが落ちてしまうのは間違いありません。さらに言えば、こだわりさん（特にＡＤＨＤ気質が強い人たち）は、飽きっぽい性質があって、何かを継続するのが苦手な人が多いので、何かを続ける上では、モチベーションをいかに保つかは大問題になってきます。

そこで、モチベーションを保つために大事なのは、自分がコントロールできることを目標に据えるというものです。

例えば、私が「発達障害を『資産』に変えるという自分の主張を貫きたいから、影響力を持つために、まずはＴｗｉｔｔｅｒのフォロワーを1万人にまで増やしたい」という目標を持ったとします。しかし、フォロワーの数は自分で簡単に操作できるものではありません。では、どうしたらいいのか。

そこで、私が決めた目標は「ツイートは1日に11回必ず実行する」というものでした。フォロワー数は自分では決められませんが、ツイート数は自分で決めることが可能です。

１日に11回ツイートできたら、ノルマ達成。そして、それを継続できればひとつの大きなモチベーションになります。

目標を達成する上で大切なのは、「他人に評価を求めない」ということ。自分が設定したものを自分がクリアできたかどうかに絞り、徹底的に他己評価ではなく自己評価に頼りましょう。他人は気分次第で好きなことを言うものですし、その意見はなかなかあてになるものではありません。だからこそ、そんな他人の意見に一喜一憂して、心のバランスを崩してしまうのはもったいない。最初はうまくいかなくても、失敗をしても、とにかく続けていくことが、良い展開を呼び込んでくれるでしょう。

ゲームに例えるとしたら、敵を倒すのを目標にするのでなく、レベル上げを目標にするようなものです。どんどんレベルを上げていって、いつのまにか、強い敵も倒せるようになっているような感覚です。コントロールできない敵の強さをどうにかするよりも、コントロールできる自分のレベルにフォーカスしていきましょう。

批判が出るのは、目立ってきた証《あか》しである

批判が出るということは、その意見が目立ってきた証《あか》しですし、誰かの心の琴線に触れ

たということ。初めて新しいことをやるときは必ず批判が出るものなので、逆に批判が出た場合は「これはいい兆候なのだ」と前向きにとらえていきましょう。実際、何かを行うときに、社会的理念に反していない限りは、その信念に対して「いい」と思ってくれる人は必ずいます。誰かの心にネガティブなニュアンスで引っかかる言葉や思想は、また別の誰かの心に、いい意味でも引っかかることがあるからです。自分の敵が増えたら、同時に味方も増えているのだと、前向きにとらえてください。

批判でも「時間を割いてくれたこと」に感謝しよう

誰かから批判されたら、「自分は批判されるくらい人の目にさらされているのだ」「全く関係ない相手が時間を削って、わざわざ批判をしたくなるほどの存在に自分はなったのだ」と、自分の影響力が大きくなっていることを実感してみてください。

相手は利害関係がないあなたに対して、わざわざ時間を使って批判を送っているのです。そうとらえると自然と、批判に対する心の処理もできてくるはず。

仮にイラっとするような批判をされたとしても、それに対していちいち反論するのではなく、「コメントありがとうございます」と、気持ちをシンプルに伝えましょう。言いがかりのように絡まれたとしても、とにかく落ち着いて、自分のために時間を割いてくれたことに感謝しましょう。ここで自分がキレたら負けです。

自分の言ったことを曲解されたり、悪いようにとられてしまったりした場合でも、相手の話に納得できるようであれば、「そうですね、どうもごめんなさい。アドバイスありがとうございます」というように、一言短く返すのがベストだと思っています。

リアルであっても、オンラインであっても、批判を受けた場合は、角を立てないためにも「感謝」で終わることは有効です。「ありがとうございます」と言っておけば、相手は「これ以上は相手にしてくれないんだな」「自分の言葉を受け入れたのだな」と理解するので、それ以上、無駄に批判をしてくることはなくなります。批判を送った相手に感謝の気持ちを伝えられて、そこからさらに批判することは、普通の人にはなかなか難しいからです。

また、あなた自身の精神衛生上も、ネガティブな気持ちを抱えたままでいるのは、非常にもったいないことです。批判に対する対応は、なるべく時間をかけずにサッと終わらせるのがベストな選択でしょう。

批判は、あなたの考えた計画が、ほかの人にとって大きな存在になってきた証し。これをチャンスだととらえて、どんどん進めていきましょう。

コツ17

行動しないリスク∨失敗するリスク

「失敗したらどうしよう」は、一度忘れよう

せっかく良いアイディアを思いつく才能があるのに、実行しない人が多いのがこだわりさん。完璧主義が強いせいもあるのでしょうが、あれこれと思い悩んで、結局やらない。「失敗したらどうしよう」「できるわけがない」などと、周りを気にして行動には移さない。コーチングをしていてもこういう状態に陥っている方は本当に多いです。なぜかと理由を聞いてみると、失敗をした経験が多くて、自己肯定感が低くなっている。だから、なかなか行動できないのです。しかし、それは本当にもったいないことです。

とにかく「あ、ひらめいた！」という瞬間を大切にして、すぐさま形にするのが成功の近道だと思います。「失敗したらどうしよう」という考えは、ひとまず忘れてください。たとえ失敗しても影響なんて小さなもの。失敗しても死にはしないのです。

失敗を「学び」ととらえて、何とかやるしかない

では、「どうしたら行動できるか」と質問を受けることも多いのですが、強調したいのは「〝失敗したら終わり〟ではない」ということです。第1章の繰り返しになってしまいますが、大事なことなのでもう一度言います。一度失敗するということは、失敗パターンをひとつ見いだしたということ。二度失敗したら、失敗パターンをふたつ見いだしたということ。こうした失敗があるからこそ、成功パターンへの道を見つけられるのです。その失敗は「糧」なのです。

行動しないほうがリスクは大きい

私が失敗を怖がらなくなった理由のひとつは、「失敗することを恐れること」よりも、「それが成果に結びつくかどうかのほうが重要だ」というふうに思考が変わっていったことも大きいです。ごく簡単に言うと、失敗によるデメリットよりも、何もしなかったときのデメリットを考えるようになったということです。

例えば、Ｔｗｉｔｔｅｒ上における発信についても、「炎上したらどうしよう」と考えて、発言することを怖がって何もしないのは、「失敗を怖がることによって生じるデメリ

ット」です。一方で、仮に私がTwitterで継続的にメッセージを発信していけば、「私を含めた発達障害のある人が、自分の障害についてもっとポジティブに考えることができる」「それを受けて人前で講演などをする機会が増えるかもしれない」「自分が発言することで会社の認知度が上がるかもしれない」といったメリットが考えられます。つまり、もしも私が発信しなければ、これらのメリットをすべて失うことになります。そうなると、行動しないことのほうがデメリットは大きいことに気がつくわけです。

「やらなかった後悔よりは、やった後悔」と言いますが、それは本当です。**あなたはほかの人には思いつかないアイディアを持っています。**それを形にしなければ、そのすばらしいアイディアも「なかったこと」と同じことになってしまい、本来あなたが得られるはずだったメリットが消えてしまいます。どうか、まずは思いついたことをひとつでも良いので、実行してみてください。

コツ18

アイディアを活かすか殺すかは相談相手次第

相談する相手次第で、アイディアの命運は変わる

　新しいことに挑戦するにあたり、自分だけでは判断がつかないと思うことも起こるはずです。そんなときは誰かに相談したくなる人も多いと思いますが、重要なのが「相談する相手を選ぶこと」です。自分が思いついたアイディアを誰かに相談しようとしたときに、相手は肯定してくれるような人、もしくは新しいもの好き、おもしろいこと好きな人に相談するようにしましょう。むしろ、それ以外の人には、相談しなくてもいい。そう断言したいと思います。

　こだわりさんが持つアイディアは、多くの場合、発達障害でない人とは違います。それゆえ、そのアイディアは「常識的な人」にとってはリスクしかないもののように思われてしまうことが大半です。いかにすばらしいアイディアであったとしても、普段から現実的

な人や、石橋を叩いて渡るような人に相談しても、「そんなのうまくいくわけない」「実現するわけがない」と笑われて、せっかくの妙案がつぶされてしまうことも起こりえます。自分のアイディアにネガティブな意見を出されれば、誰だってやる気はなくなります。

では一方で、新しいことに敏感で自分自身も挑戦することが好きな人を相談相手に選んだらどうなるでしょうか？ ダメそうなことでも「やってみたら？」と言われれば、テンションも上がるし、ポジティブになります。場合によっては良いアドバイスをもらえて、アイディアがより磨かれていきます。そうなれば、実現する可能性も上がっていくし、それに伴って、周りの人々からも応援してもらえる可能性もあるので、一気に味方が増えていくはずです。**こだわりさんのユニークな発想力を活かすなら、ポジティブ、かつ自分の味方になってくれる人を選ぶだけでも、アイディアの命運は大きく変わっていくのです。**

相談相手が変わったことで、成果が目に見えて変わった

私自身にも、相談相手を変えたことで、成果が目に見えて変わったという実体験があります。これは私が会社員時代の話なのですが、入社して初めての上司は、私が「こういうことをやったらどうですか」と何かしらのアイディアを提案しても、「これはこうだから

ダメだよ」とすべてを否定してくる人でした。

しかし、数年後、先進的なことに理解がある上司へと変わった途端に、「おもしろそうだから、やってみなよ」と言われることが格段に増え、チャレンジできる機会が多くなったのです。その上司のおかげで、会社内で前例のないことでもチャレンジすることができて、多くの実績をつくることができました。そのときは、「相談する相手が違うと、こんなにも結果が変わってくるのだな」としみじみ痛感しました。

相談は「やる前提」で結論から入る

あなたの斬新なアイディアを実行するためにプラスになる相談方法は、「やる前提で結論から入ること」です。「これをやってみようと思うんですけれども、どうですか？」というように、「やる」という前提で結論から入って、その方法について説明をします。この際大切なのは、極力、前向きに話をしていくことです。

その際は、自信なさげに「こういう企画を考えているんですが、どう思います？」と言うのではなく、「ここをこうしたらメチャクチャおもしろいと思うんです。さらに、こうしたメリットもありまして……」と、自分のアイディアをおもしろそうに、かつ実現することで起こるメリットを言語化して語ることが非常に大切です。なぜなら、あなたの頭の中に浮かんでいるメリットを、相手は想像すらしていない可能性があるからです。

また、ポジティブな人にばかり相談していると、次第に相談する人が決まっていくせいなのか、気がつけば「こうしたほうがいいかもしれない」と前向きなアドバイスばかりをくれる人が多い環境になっていきます。

そうするためにも、まずはやってみて、形にして、成果を出してみることが肝心です。大丈夫です。行動さえしていけば、味方はちゃんと増えていきますから。

第3章

論理的思考力の高さを最大限活かす方法とは？

コツ19 社内のマニュアルやルール作りが得意

ASDの強みは、ルールをきちんと整備できる点

ここまでご紹介してきたように、ASDのある人の特性のひとつに、「物事をパターン化するのが得意」というものがあります。

こだわりさんは、発達障害でない人が法則性を見いださないものにも、自分で勝手にルールをつくり、パターン化して繰り返すことが得意です。また、ほかの人が面倒に思いがちなルールづくりやマニュアルづくりも、比較的かんたんにつくり出してしまいます。

一説によると、ASDのある人は言語野が発達している人が多く、抽象的な出来事を言語化するのが得意な人が多いと言われています。この強みを活かしたビジネススキルとして、私がおすすめしたいのが「業務のマニュアルやルールの作成」です。

社内の業務のマニュアル化やルール化は、一見、細かくてタフな作業に見えるので、多

くの人が億劫《おっくう》に感じていますし、積極的に手を挙げる人もあまりいません。

しかし、先にご紹介したように、パターン化やルール化に強い執着のある言語能力の高いこだわりさんにとっては、こうした業務のマニュアル化はむしろ得意分野です。**無駄を嫌い、物事に対して白黒をはっきりとつけようとする傾向が強いために、非常に論理的に物事を説明することができます。**

さらに、そのこだわりの強さゆえに、マニュアルやルールから外れることを嫌がるため、すでにフォーマットが決まっているタイプの業務では特に能力を発揮します。**反復する行動に人一倍強いセンサーを持つからこそ、社内のマニュアルやルールづくりに率先して参加し、挑戦してほしいと思っています。**

かゆいところに手が届く超観察力を活かす

ルールづくりが功を奏した事例として、私自身の実例をご紹介したいと思います。

かつて私が勤めていた会社で、新たなＩＴアプリを導入したことがありました。ですが、社内のスタッフの多くがそのアプリの使い方に首を傾げ、「わかりやすい基準のようなものがあれば……」という声が上がったのです。

私は、日頃から自分の仕事をパターン化することが得意だったので、「こういうときはこうしたらどうか」と、状況ごとにとるアクションをパターン化し、マニュアル資料を作成しました。そのマニュアル資料は上司や同僚たちから好評で、「あいつは普段はデキない印象があったけれども、こういう細かい作業が意外と得意なんだなぁ」と褒められました。相変わらず、「報・連・相」や社内でのコミュニケーションについては、全くもって対応できておらず「ダメなやつ」と思われがちな私でしたが、その出来事によって、「ルールづくりやマニュアルづくりがうまい人」として、一目置かれるようになりました。

また、こうした「マニュアル化するのがうまい」という実務経験が買われて、今の会社ではプライバシーポリシーの作成なども任されるようになっています。

ロールプレイングゲームのキャラクターで、普段はあまり役に立たないけど、ここぞというときに役に立つキャラクターはいませんか？　そんなキャラクターとしてポジションを確立することも、私たち、こだわりさんが活躍する戦略なのです。

周囲から感謝されて信頼ポイントがたまっていけば、次第に違う仕事を任されるようになり、社内でも存在感を出すことができます。信頼は一朝一夕でつくれるものではありません。だからこそ、周囲における信頼ポイントを積み上げていきましょう。

コツ20 論理的思考力を最大限活かす

こだわりさんは論理的なトークが得意

プレゼンなど、人前で話をすることに、苦手意識を持っているこだわりさんは多いかもしれません。しかし、実は、こだわりさんにとってプレゼンは、大きなチャンスでもあります。なぜなら、ＡＳＤのある人は、コツさえ摑んでしまえば、人前で話をしたり、プレゼンをしたりすることが得意な人が多いからです。

先にもご紹介したように、こだわりさんの強みのひとつは、パターン化、つまり論理的に考えることなのです。本人は気がついていないかもしれませんが、こだわりさんは自分の中でのルールやパターンが定まっているケースが多いため、一度ハマれば、「結論→理由→メリット」などと物事を論理的に順序立てて伝えるスキルが、発達障害でない人よりも高いように思います。**また、自分が興味・関心ある分野の打ち合わせや会議では、人一**

倍、自分の持つ知識を披露して、積極的に議論を進めることができます。

論理的に説明できるというスキルは、上の地位の人にアピールするには非常に有利です。なぜかというと、仕事の決定権を持つ上の立場の人ほど、合理的に物事を判断する癖がついているからです。感情や熱意は大切ですが、論理性が土台になければ、上層部の人々からは耳を傾けようとさえ思ってもらえません。論理的に物事を考えるのが得意なこだわりさんには強いアドバンテージがあるのです。

「断言力」が視界を切り拓く

また、「空気を読まないで発言する」という弱みが、「あえて空気を読まない」という「断言力」につながるのも強みのひとつと言えるでしょう。**周囲を意に介さないで物事を言い切る向こう見ずな突破力が、強い自信を持っているように相手には伝わります。そして、プレゼンテーションや説明会のような意見や主張を発表する場で、威力を発揮するのです。**

会社員時代は、私自身も、日々の業務については周囲に怒られてばかりでしたが、プレゼンは非常に得意でした。就職活動中には、インターンでお世話になった会社で開催されたプレゼンテーション大会で代表に選出されたこともあります。また、会社が主催した自社サービスの説明会を通して営業成績をアップさせたこともありました。なぜ、私がプレゼンに強かったのかというと、先に挙げた「論理的思考力の高さ」「断言力」の他には、プレゼンのパターン化に成功したからだと思います。

プレゼンはパターン化すれば難しくない

私自身がプレゼンで使用していたフォーマットはごくシンプルです。

「自分の主張→それを裏付ける３つの根拠→結論」

本当にこれだけです。

ただ、どんな相手であっても、どんな状況であっても、この基本のフォーマットをとにかくやり込んで、プレゼンテーションに臨むようにしていました。ここでも、大活躍したのが「パターン化」です。そして、パターン化して成功すれば、次第に自分自身の心にも安心が生まれていくという好循環ができていました。補助輪なしの自転車に乗ると、最初はよろけたり転んだりしてしまいますが、慣れてくると次第に一人で悠々と走ることができる。その感覚に近いかもしれません。

会社を辞める直前は、このパターンを何度も繰り返していたせいで、熟練度がアップしており、会社の先輩からは「お前ほど、自信を持って言い切れない」とからかわれていたほどです。今思うと、情報や問題を整理・分析して結論や意見をまとめていたので、自《おの》ずと自己納得感が高まり、結果として自信にもつながっていたのだと思います。

どんな人でも、初めて人前で発言するときは緊張や不安がつきものです。こればかりは場数を踏んで慣れていくしかありません。私自身、話す内容を丸ごとすっぽり忘れてしまい大恥をかき、先輩からめちゃくちゃ怒られたこともあります。そのような場合には誠心誠意謝罪するしかないのですが、よほどでない限り、それで許してもらえます。後悔先に立たずの精神で積極的に登壇してほしいです。

ただし、質疑応答のように臨機応変な対応や、予定不調和な事態は得意ではないこだわりさんも多いので、できれば、環境適応能力の高いバディと組むことを忘れずに……!

コツ21

常に一言で伝えるように心がける

職場の人間関係をこじれさせる演繹的《えんえきてき》な話し方

「昨日の夕飯は何を食べたの？」

「ん～、18時頃に帰宅して、その後、シャワーを浴びて～。料理に取り掛かったのが、19時くらいだったかな。切り刻んだ牛肉と野菜を炒めて、焦げ目がついたら水をひたひたに入れてさ。ＹｏｕＴｕｂｅで大好きなミスチルを聴きながら、そのままぐつぐつと煮込んで、灰汁《あく》を取って、ルーを入れて……。で、お皿にご飯を大盛りにして、大量に作ったカレーをたっぷりかけてさ。で、ドラマ『相棒』を見ながら食べてたかもしれないなぁ。ん～、食べ終わったのは、22時頃だったかな。あっ、食後にはヨーグルトも食べたかも……」

どうでしょうか。くどいですよね。聞かされるほうからしたら、たまったものではありません。

「夕飯にカレーを食べた」という短い話をくどくどとしているのは……そう、かつての私です。

プライベートならこうしたダラダラとしたしゃべり方もまだ許してもらえるかもしれませんが、私は仕事でも、このように時系列で会話を展開して、最後に結論という演繹的《えんえきてき》な話し方をしていました。そのせいで、職場のスタッフからは「話が長くて聞いていられない」と何度も指摘されていました。もちろん私に悪気なんてこれっぽっちもありませんでしたし、「夕飯」というキーワードで頭に浮かんだことを次から次へと話しているつもりだったので、「いったい何が悪いの？」と思ってすらいました。

「しゃべりが長くなりやすい。しゃべりすぎと言われる」「順序立てて会話を進めるのが難しい」などの傾向が見られるのは、ＡＤＨＤの人に多い特性です。また、「伝えたい内容は頭で解っているが、言葉にまとめるのが苦手」「話すことは好きだし、語彙も他の人に比べて豊富。でも、堅苦しくて辞書みたいなしゃちこばった話し方」といった特徴はＡＳＤのある人に多いですが、何はともあれ、発達障害のある人は総じて話が長い傾向にあります。

私自身もそうでしたから、「すべて説明しないと気が済まない」という気持ちはわかります。ですが、特にASDのある人の場合、こうした演繹的な話し方が、職場のコミュニケーションにおいて、火種を生む原因だったりもします。

だからといって、「こだわりさんは長々と話すな」と言いたいわけではありません。思いついたことから話すのではなく、最初の一言をほんの少し工夫するだけで、その後の話が長くなっても意外とスマートな印象を残すことができる。そんな会話の入り方を知ってもらいたいのです。

一言で答えを伝えるだけでいい

私が話し方を改善しようと思ったのは、うつ病に苦しみ、人生のどん底にいたときです。そこから何とかして這《は》い上がりたくて、とにかく仕事術や話し方をテーマにした本を手に取り、読書に耽《ふけ》りました。とはいえ、難しいことはできないので、自分にもできそうだなと思えた話し方のテクニックを片っ端から試していったのです。

いろいろと真似てみた結果、「○○は××で、△△なんだけれども」といったダラダラとした話し方ではなく、最初に「○○は××です」と2つの文節、つまり一言で端的に結論から伝えるように心がけることで相手に与える印象を大きく変えられることがわかったのです。

例えば、先ほどの「昨日の夕飯は何を食べたの?」という例でいえば、「まず帰宅して、そこから……」と話すのではなく、「夕飯はカレーでした」と2つの文節のみで返す。

文字で見るとものすごくシンプルなメソッドですが、慣れるまでには苦労しました。

冒頭の夕食の説明を読んでいただければわかる通り、それまでの私は演繹的な答え方をしていました。それを、最初に結論を伝える帰納的《きのうてき》な話し方という全く逆向きの思考にベクトルをシフトチェンジさせるわけですから、意識的に訓練して体に覚えさせていくしかありません。

中でも私にとって効果的だった訓練法は、打ち合わせの前に上司からの質問を事前に想定し、それに対し、あらかじめ回答を用意しておくというものです。想定していた質問と答えには、次のようなものがありました。

Q:この案件どうなってるの?

A:いい感じです! お客さんも乗り気で、あと1か月ぐらいで契約が取れます!

Q：このお客さんってどんな人？
A：製品の良さを重視するタイプの人ですね。なので、うちの製品の良さをしっかり伝えることができれば、勝てます。
Q：どうしてここは前から進捗していないの？
A：○○というトラブルがあったためです。ただいまトラブル解決のために○○という施策をやっており、○○か月ほどで動き出せると思います。

などです。
これは会話のパターンを増やすという点でも、コミュニケーションに頭を抱えるこだわりさんには特におすすめです。ぜひ、取り入れてみてください。

テンパったときは、「時間をください」でOK

もちろん、すべてが思い通りに進むことはありません。

上司の「あれ、どうなっている?」という質問に対して、私は「進捗状況のことなのかな?」と思って、「6割くらいです」と事前に用意した回答を伝えてみたら、上司は進捗状況ではなく、「どういう方向性で仕事をしているのか」という内容を知りたがっていたということは何度もありました。

でも、そうした想定外の状況になっても決して慌ててはいけません。

上司の知りたい内容を確認した後、慌てて答えようとするのはやめましょう。「いまA病院でこういう施策をしているようなのですが、私は担当のB先生に対して、こういう話をしたんですけれど……」などと、ダラダラと話し続けるリスクがあるからです。むしろ、急いで答えようとするのではなく、「ちょっとだけ整理するので、時間をください」とお願いをしてみてください。そして、いったん頭の中で情報を整理した後、「A病院はCという薬を導入する方向で進めています」と結論を一言で伝えるように心がけてください。一言でパッと言葉を伝えられれば、相手の印象に残りやすくなります。

こだわりさんゆえに、「そんな短い言葉だけでは、自分の意図が伝わらないのではないか」と心配になってしまうかもしれませんが、まずは、その後の会話の展開を考えず、簡潔に結論だけ答えるようにしてみましょう。

ほかに知りたい情報があれば、向こうから質問してくるので、それを待てばいいのです。一見すると非効率なようですが、会話はキャッチボールと言われるように、実はそのほうがやり取りもスムーズになります。また、話を簡潔にまとめたほうが、知的で好印象を持たれやすいです。逆に、取りつくろうようにとりあえず頭に浮かんだ言葉を羅列してしまうと、「仕事ができない人」という烙印《らくいん》を押されてしまうので注意しましょう。とにかく自分から話すときも、質問に答えるときも、頭に思いついた言葉をマシンガンのように浴びせることはやめましょう。

簡潔に結論のみ伝えること。

これを意識するだけで、〝できる人〟を装うことができるのです。

コツ22 「サンドイッチ型トーク」を使いこなせ

自分の話に相手が退屈していたら、話し方を見直すべき

円滑なコミュニケーションをとることに難しさを感じているというこだわりさんによくお会いします。その中でも、伝えたい内容を言葉にまとめたり、順序立てて会話を組み立てたりすることに悩んでいる人は多いものです。

また、相手の表情から感情を読み取ることが苦手なため、コミュニケーションが一方的になりがちで、延々としゃべり続けたりする人もいます。

仮に、話し相手が上《うわ》の空《そら》になっていたり、いつも適当な返しだったり、会話中にそう感じる機会が多いようなら、それは相手の聞く態度が悪いというより、自分の話し方に目を向けたほうが良さそうです。

コツ21の「常に一言で伝えるように心がける」では、まずは一言で結論から伝えるこ

との大切さについて説明しました。コツ22ではさらに踏み込んで、相手に短い時間で必要な情報を的確に伝える会話の順序について考えていきます。常に一言で結論から伝えられるようになったら、ここで紹介する話し方の手順を守るだけでコミュニケーションの達人に近づくことができます。その手順が、「サンドイッチ型トーク」です。

説明を結論で挟むサンドイッチ型トーク術

一般的に、日本では「起承転結」の順番で文章を構成するように教えられます。しかし、これでは、最後まで話を聞かないと何が言いたいのかわからず、どうしても聞く側を「結論はまだ？」と疲れさせてしまいます。

そこで、相手を飽きさせないために、構成する順番をひっくり返します。

例えば、顧客に提供しているサービス料金を時系列で説明しようとすると「これが2万円で、こちらが3万円。なので、基本のパック料金は5万円です。でも、こういうオプションがあって、それをつけるとプラス2万円の7万円になります」という流れになります。

しかし、これでは、結論の「基本料金5万円」という価格がどこにあるのかわからず、聞く側は話の内容を理解するのに一苦労してしまいます。

なので、「基本のパック料金は5万円です。内訳は、こちらが2万円、そしてこちらが3万円です。その他に、2万円のオプションがあります。そのサービスはこちらで、これを追加すると合計7万円になります。繰り返しになりますが、基本は5万円です」と、結論を最初と最後に入れてみてください。これだけで、相手の反応も大きく変わってくるはずです。

このように、「結論→説明（理由・事例）→結論」と、結論で最初と最後をサンドイッチして、3つのステップで話す方法は、シンプルながらも、伝わりやすいコミュニケーションを生むためには効果的です。

私も、以前は時系列で物事を説明していました。当然、話は長くなり、相手からは飽きられ、お客様や上司からは「話が長い」と多々指摘を受けてきました。ですが、このサンドイッチスタイルを意識し始めて2～3か月後には、「結論→説明（理由・事例）→結論」の順番で自然と話せるようになりました。そのおかげで会話のテンポは格段に良くなり、仕事の会話もスムーズに運ぶし、私の話を飽きずに最後まで聞いてくれるお客様も増えました。

聞き手の頭の中にスーッと入り、記憶にも残りやすい。それまでは話す内容が悪いわけではなく、伝える順番に問題があったのです。

まずは結論、そしてその理由をつけて説得力を増した後に、もう一度締める。この型に沿って話すだけで、相手の話を聞く態度は劇的に変わります。

「報・連・相」をするときは、冒頭を意識

「報告・連絡・相談」はビジネスパーソンの必須スキルですが、上司や同僚にこれらの情報を伝えるときは、まず冒頭に「報告があるのですが」「ご連絡なのですが」などと一言付け加えましょう。すると、相手も「これは報告なんだな」「これは相談なんだな」などと頭を切り替えてくれるので、話がスムーズに進みやすいです。

ポイントは、相手の理解度を高めるために、どんなテーマの話なのかを最初に提示しておくということ。これだけで、ぐっと話が伝わりやすくなるはずです。

コツ23

メールは手抜きがちょうどいい!?

こだわりさんのメールは「手抜き」くらいでちょうどいい

メールの文章を作成しているとき、「詳しく伝えたほうが親切」「メールひとつで、やる気や熱意を見られている」と考えながらキーボードを叩いていると、長々としたメールになりがちです。

特に言語性ＩＱが高いＡＳＤのある人は、コツ21「常に一言で伝えるように心がける」で書いた通り、「自分の持っている情報すべてを説明しないと気が済まない」といった特性を持っている人が多いです。それゆえ、過程を含めて細かく書きすぎてしまい、発達障害でない人と比べると、どうしてもメールが長文化しやすい傾向にあります。

丁寧に書くことは決して悪いことではありません。ただ、あまりにも長いと、読み手の返信する気力を削いでしまうリスクがあります。むしろ、その丁寧さに〝ほんの少しの適当さ〃を混ぜるだけで、グッと読みやすくてわかりやすいメールを書くことができるようになったりもします。

ここでは、私が今でも実践している効果的で、かつ適当（！）なメール術をいくつか紹介します。

情報量が足りない場合は、相手から質問がくる

まずは、「相手から質問がくること」を前提にメールの文章を作成することです。

初めて一緒に仕事をする人や付き合いの浅い人とメールのやり取りをする場合、「こちらが伝えたいこと」と「相手が知りたいこと」が完全に一致することは稀《まれ》です。ですので、細かい点は削除して、結論と要点のみを箇条書きにして送るようにします。

実際、ビジネスでは毎日何十通ものメールをチェックすることが当たり前だったりします。なので、誰しも、「長々とした文章ではなく、用件だけを簡潔に知りたい」というのが本音です。不必要な言葉が多く無駄に長い冗長表現が満載の文章をちゃんと読もうとは思っていません。だからこそ、結論と要点のみでＯＫなのです。

もしも、相手側にとってほかに知りたい情報があれば、「これについてはどうでしょう

か?」と何かしらの質問メールが届くはずなので、詳しいやり取りはそれからでも十分と言えるでしょう。

この適当さがもたらしてくれる恩恵は、端的に短く書いているので、必要な情報が受け手に伝わりやすいこと。また質問を通して、相手の求めている情報のレベルを把握できることにあります。少し手間はかかりますが、やり取りの回数を重ねることで親密度が深まるという点も大きいです。そして、当然ながらメールを書くための時間がだいぶ削減されるので、時短効果も十分です。

私も会社の上司や同僚に「そんなにくどくど書かないほうがいいよ」と指摘され、結論と要点のみを箇条書きで書くための訓練をしました。

それまで平均して500文字前後あった文章量は、今では100文字ほどに減って、画面を通して見てもスッキリした印象になっています。また、簡潔にしたことで営業メールの返信率もアップしました。さらにメール作成に要していた時間も、約15分から3分前後と、かなりの時間が短縮でき、生産性を高めることに成功しています。

以前の私は、無駄に長いメールを長い時間をかけて書くことが日常化していました。挨拶の文言を入れたらすぐに改行。用件の文章を作成した後、また改行。ここまではみなさんと同じだと思いますが、私の場合、「少し間を置かせたいから、ここは1行ではなくて3行分の行間を取ろう」というように、行間を何ライン空けるかで何十分も悩んでしまっていたのです。でも実際のところ、行間が1行なのか、3行なのか読み手は誰も気にしていません。「そんなのどうでもいい」というのが、読者のみなさんも含め、相手の本音でしょう。それよりも、用件が的確かつ端的に伝わる内容で、スピーディーな返信のほうが重要なのです。

「そんな当たり前なことを今さら」とご指摘を受けそうですが、当時はこうした細かい点にまで神経を尖らせていました。だから、細かすぎて逆に生きづらかった。それで、細かい点は削除して結論と要点のみを箇条書きにするなど、いろいろと工夫をした結果、それまで15分かかっていたメールを3分に短縮できるようになったのです。

メールのフォーマットを徹底して真似る

ポイントの2つ目は、相手のスタイルに合わせることです。

メールを含めたコミュニケーションは、相手に理解してもらって初めて伝わったと言えます。最初のうちは時候の挨拶や「お世話になります。△△社の●●です」といった文言を入れますが、相手のメールからそれらの慣用句的なフレーズが消えた時点で、こちらのメールからも削除します。

さらに、メールのフォーマットもよく似せます。例えば、1ラインが20文字で、1行空きでメールを送ってくる相手だったら、こちらも同じフォーマットで作成するなど、相手の土俵やスタイルに徹底して合わせていきます。

こうした相手のフォーマットに寄せる行為は、その人の思考パターンをなぞることと同じことです。いわゆる「ミラーリング効果」の助けを借りて、やり取りしている相手との親近感はグッと増していくはずです。

ゲームに例えるとするならば、相手のタイプなどに合わせて、繰り出す技を変えたりしますよね。バトルでは相手になるべく効果的な技を出すと思います。それと同じことです。相手にとって効果的な方法は、相手の発信や発言に隠れています。それを見つけ出して、相手の「ツボ」を押さえてしまうのです。

抜け漏れは放置でも構わない

そして最後のコツは、「誤字脱字は諦めよう」というものです。

私も含めて、こだわりさんにはあるあるですが、なぜか誤字脱字が多い傾向にあります。しかし、これについては、もう仕方がありません。どんなに注意をしても、誤字脱字は必ず発生してしまうものだと割り切ってください。

私自身、何度も読み返してからメールを送信するようにしてはいるものの、全く誤字脱字はなくなりません。それどころか、先輩に誤字脱字を伝えられた後、自分でメール画面を何度見直しても見つけられない……。「え、どこにあるんですか？」と聞き直して、直接その部分を指で指してもらって初めて気づくほどの鈍感さです。

どれほど頑張ってもできないことはある。こうした経験もあって私は、誤字脱字は過度に気にしなくてもいいんじゃないかと思うようになったのです。たしかに、誤字脱字はこだわりさんにとっては弱点かもしれません。でも、その弱点を補強するために時間を使うよりは、もっと自分の強みを強化するために時間を使ったほうが良いと思うからです。

今では、事前に「私、いつもメールには気をつけているんですが、誤字脱字が多いかもしれません！　申し訳ありません」と、クライアントに一報を入れるようになったため、〝誤字脱字がある人〟というキャラとして周囲からは受け入れてもらっています。ちなみに、私自身の誤字脱字については、社外の人から指摘されたことは一度もないので、意味が通じないほどのミスではないなら、相手もそこまで気にしていないのではないか……というのが私の見解です。

私のような、いわゆる〝キャラ得〟は特殊なケースかもしれませんが、どうしても誤字脱字が気になる人は、ワードの文章校正機能を活用してチェックしてみましょう。書いたメールテキストをコピーして、ワードにペーストして、文章校正機能を使ってみると、誤字脱字が一発でわかります。そうすることで、おかしな文章や語句を減らすことはできますし、私の周囲にもこのテクニックを活用している発達障害の方は少なくありません。

1通のメールに割ける時間は限られています。短い時間で相手に必要なことを伝えるのがビジネスでは重要です。それさえ適《かな》っているのなら、ほかは多少適当でも問題ありません。誤字脱字のチェックに時間を割くなら、自分の強みを活かすために時間を使おうと割り切りましょう。

コツ24

感情に関する言葉を操れるようにする

自分の心がわからないことは、強いストレスになる

ビジネスは結果の世界です。相手に話を聞いてもらうには論理性と、これを裏付けるデータや事実、そして数字が求められます。**論理的に物事を考えるのは、こだわりさんの得意分野。**では、必要なのは論理だけで、感情に訴える必要はないのか。そう問われれば、答えは〝ＮＯ〟です。最後に人の心を動かすのは、やはり熱意やパッションといった〝情〟だからです。そこで、私がどのようにして感情を表現する言葉を増やしていったのか。その方法をお伝えしたいと思います。

新卒で入社した製薬会社で営業パーソンとして働き始めた入社2年目の春、医師からうつ病と診断され、またＡＳＤであることも告げられました。診断を受ける前の私は、会話といっても社交辞令のようなものばかりで、人と仲良くなれるタイプではありません。お

そらく会社のスタッフや取引先の人たちは「銀河さんは、心を開かず壁をつくる人だな」という印象を持っていたと思います。そんな性格でしたから、「うれしい！」「たのしい！」というような心が躍る経験はほとんどありません。味気も色味もない日常が、そこに存在しているだけでした。

そんな生活にあるせいなのか、私の心はいつもカスミがかかったかのように、なぜか〝もやもや〟していました。今になって思えば、それは私自身の〝感情を表現するボキャブラリー〟が乏しすぎて、自分の感情を適切に表現する言葉が見つからなかったのだと思います。

しかし、感情がわからないということは、感情がないこととは違います。自分の感じている感情の正体がわからないことで、私が気づかないうちに心の中で強いストレスになっていきました。

人は感謝されるとうれしくなると知った

例えば、人は感謝されたり、喜んでもらえたりするとうれしくなるということを、私は読書を通じて学びました。「20歳を越えてそんなことに気がつくなんて、遅すぎるだろ！」というツッコミが入りそうですが、小説を通して感情を覚えるまでは、頭では何となくわかっていても、いまいち実感していなかったのです。

本を通じて「人は感謝されるとうれしくなる」と知って以来、自分の仕事を手伝ってくれた相手には「めっちゃ助かりました。ありがとうございます！」と〝喜び〟と〝感謝〟を伝えるように心がけました。

小説から学んだ感情ワードを日常生活に取り入れてから、相手の心の機微にどんどん敏感になっていきました。また、相手に自分の気持ちをしっかり伝えることができるので、それによって仲間が増えたり、仕事が順調に運んだりするようにもなりました。

こうした経験を通じて、私は、「相手にできるだけ好感を持ってもらえるようなテンプレとは何か」と考え、ことあるごとにいろいろなシチュエーションをパターン化していくようになりました。その例をいくつか挙げていきたいと思います。

・誰かに何かをしてもらったとき

とにかく喜んでいる姿を見せて、「ありがとうございます！」と感謝を伝えます。感謝はすればするほど、好感が上がる最大のスキルだと思います。

・ドタキャンをされたとき

ドタキャンやリスケジュールをされた場合は「楽しみにしていたのに、とても残念です」と相手を傷つけずに〝哀しみ〟を伝える。

・アポイントメントの前に連絡するとき

アポイントメントの前には「お話を聞けるのが待ち遠しいです」と、心がワクワクし、〝楽しみ〟にしている心境をサラッと触れる。それだけで相手に与える印象は全く違います。

・怒りを感じたとき

〝怒り〟という感情に関しては、相手に直接伝えてはいけません。ネガティブな感情については、お互いに得をしません。また、愚痴《ぐち》を言われて喜ぶ人は誰もいないので、怒りを感じたとしても、自分の中でぐっとこらえて、日記などにぶちまけたら、あとはスッキリ忘れるようにしましょう。

感情ワードが生活に彩りを与えてくれる

私が〝感情を表現するワード〟について考え始めたのは、うつ病と発達障害を理由におよそ6か月間の休職を経て、職場に復帰したときです。ストレスの一因でもあった、「今、自分はどんな感情なのかがわからない」という心の〝もやもや〟を理解できなければ、再び社会からドロップアウトしてしまうと恐れたからです。

そこで私が始めたのは、小説を通して感情を説明する言葉のレパートリーを増やしていくという試みです。『君の膵臓をたべたい』、『毎年、記憶を失う彼女の救いかた』などの恋愛小説や、『奇岩城』、『探偵ガリレオ』といった推理小説。他にも『人間失格』といった純文学から『ちょっと今から仕事やめてくる』などのライトな作品まで、いろいろな本を読みあさりました。そして、小説から心の機微を描写した言葉と、その感情に至った過程をインプットすることで、状況に応じて人間がどのような心的状況になるのかを拾っていったのです。それらをベースに、感情の言葉と状況をセットにしてパターン・テンプレ化し、インプットしていきました。

意図せずともASDのある人は〝感情ワード〟が乏しい人が多いため、無機質でドライな人物評になることも少なくありません。**ですが、ASDのある人がもともと持っている**

論理的な思考の土台に、感情を揺さぶる言葉を乗せることができれば、今よりも彩られた人生になると私は信じています。

コツ25

懐に入るには言葉を真似ろ

「助けてもらえる間柄程度の仲間」は、意外と簡単につくれる

気を許せる仲間が周りにいるか、いないかで、仕事で得られる達成感、充実度は全く違ってきます。また、協力者が多いほどに、成果にも直結していくでしょう。

「仲間をつくる」と言われても、「自分はユニークな趣味を持っていないから無理だよね」「キャラが立ってないと忘れられてしまうよね」「会話がおもしろくないから、相手を退屈させてしまうのではないか」と、自分には無理な話だと思ってしまう人も多いかもしれません。でも、私の言う「仲間をつくる」とは、漫画『ＯＮＥ ＰＩＥＣＥ』に出てくる仲間たちのように深く濃い付き合いを指しているわけではありません。私が言う仲間とは、「何かあったときに助けてもらえる」程度の間柄です。

そして、こうした仲間をつくることは、コミュニケーション能力があまり高くないと言

われるこだわりさんにとっても、決して難しいことではありません。言葉の使い方のコツを覚えるだけで意外と簡単に仲間をつくることはできるのです。そこで、ここまでいろいろなシチュエーションでのトーク術をご紹介してきましたが、コツ25では仲間意識を生じさせる言葉の扱い方についてお伝えしていきたいと思います。

相手との波長を合わせるために必要な3つのポイント

こだわりさんは、適当さがないゆえ、緊張感を生むコミュニケーションを取りがちです。それでは、相手もつい身構えてしまいます。その結果、かつての私がそうだったように、「この人とは波長が合わないな」と思われてしまい、仕事のチャンスが減るだけではなく、周りから人が離れていってしまい、孤独感と閉塞感《へいそくかん》に苛《さいな》まれることになりかねません。

そうならないためにも相手と「波長」を合わせることは、意思疎通を図る上でとても重要なことです。

では、コミュニケーションにおける〝波長〟とは一体何でしょうか。

私は、この〝波長〟をつくっている要素は3つあると思っています。

1、話すスピード・リズム
2、タイミング（間）
3、使用する言葉

これら３つの要素を、相手に合わせておけば、間違いありません。

例えば、「1、話すスピード・リズム」と「2、タイミング（間）」ですが、相手の人が怪談でおなじみの稲川淳二のように、テンポが速く、言葉が矢継ぎ早に出てくる人なら、普段よりスピードを速めて話してみる。シンガーソングライターのＧＡＣＫＴのように、ゆっくりと言葉を紡ぎ、フレーズとフレーズの間に一呼吸置くような話し方なら、同じように真似てみるという感じです。

相手が使っている言葉を、そっくりそのまま真似る

そして、一番大切なのが３つ目の「使用する言葉」です。
コツ23でも触れましたが、相手の土俵に合わせる、相手のフォーマットを真似ることは、メールでのやり取りに限らず、会話をする上でも有効です。上司や部下以外でも、夫

婦間、飲み会と、シチュエーションを問わず、相手が発する言葉と同じ言葉をあえて使うことで、親近感を生むことができます。

この点に関して私は、コーチングでも多くの方にお伝えするようにしています。

例えば、相手が「転職」のことを「キャリアチェンジ」、「前向き」を「ポジティブ」、「後ろ向き」を「ネガティブ」と言っているなら、すべて相手と同じ言葉に統一します。略語を使わず正式名称にこだわっている人なら、こちらもしっかり正式名称で答える。仮に相手の使っている言葉の意味が、自分が思っているニュアンスと違っていたとしても、そこはぐっとこらえて合わせることが肝心です。

本当に細かな点ですが、こうした積み重ねによって、相手は「この人は話しやすいな。波長が合っているのかな」と友好的な気持ちを抱いてくれるようになります。そして、仲間意識が芽生え始め、次第にあなたの「何かあったときには手を差し伸べてくれる仲間」になってくれるのです。普段の会話を通して「この人はこういう言葉を使う」という言い回しの癖やパターンを蓄積していき、それを暗記していきましょう。慣れてきたら、パターンを組み合わせて発展させていきます。いつの間にか、「懐に入るのがうまい人」になっているはずです。

コツ26 日記を毎日つける

書店に足を運ぶと、日記をつけることの有効性を説いた本がずらりと並んでいます。それほど自分の考えや感じていることを理解するのに効果的なメソッドだということなのでしょう。

「If thenプランニング」を活用

私自身、1年ほど前から日記を書いていて、言語能力が比較的高く勉強は得意だけれども仕事はあまり得意ではないかもしれないという人ほど、日記は強力なツールになってくれると実感しています。かたやコーチングの場面でもよく相談を受けますが、発達障害の方は物事を継続して行うことが難しいと言われていて、なかなか書き続けることができずに苦しんでいる人が多いのが現状です。

そこで、私がどのようにして日記を習慣化し、何を書いているのか。そして日記を書き続けたことで、どのような変化が生じたのか。それらをまとめながら、日記を書くことで得られる効果について見ていきたいと思います。

最初に頭を悩ませるのは、日記をどこに書き記すかです。パソコンが登場する以前は紙一択でしたが、IT技術の普及によってPCやスマートフォンでデジタルデータとして作成したり、Webサービスを活用してクラウド上にデータを保存したりすることもできるようになりました。

文房具店に行けば、過去の出来事を振り返りやすい「三年日記」や10年続けられる一行日記「日事記《ひじき》」など、日記帳の種類も数多く売られています。

デジタル、あるいはアナログ。どちらを利用するかは書き手の好み次第ですが、私個人は、紙に黒のボールペンで書いています。紙が積みあがっていくのを見ると自己肯定感や自尊心が高まっていく感じがするからです。

続いて、いつ書くかですが、私はお風呂から出たら日記を書くと決めています。

実は、日記を習慣化するには、このように書く時間を固定化することがポイントになります。私もそうですが、三日坊主になりやすい人は、第1章で紹介した習慣化のメソッド「If thenプランニング」を活用するとよいでしょう。

そして最後は、何を書くかです。

分量は今でも決めていませんが、日記を書き始めた頃は、その日一日の出来事をまとめていました。本当にこれだけです。ただ、どんなに疲れていても毎日、何かしら書くようにはしていました。疲れた、楽しかった、などの一言でも書くようにしていました。継続は力なりです。

書くことがもたらす大きな効果

私が紙に日記をつけ始めて、まだ8か月余りですが、すでに効果を実感しています。もっとも大きかったのは、その日一日を整理することで頭がスッキリして気持ちが落ち着いたことです。事実、この日記を書くことによる感情の浄化作用は、ケンブリッジ大学の研究でも実証されています。

そして日記が習慣化してくると、私生活にも大きな変化が見られるようになります。

そのひとつが、上昇志向の芽生えです。

例えば、仕事で残念な結果に終わったことを書いても、言い訳をつけて自分を正当化することがなくなります。代わりに、「もっと良くするにはどうしたらいいのか」「ここを改善すれば、どうだろう」と、失敗を失敗ととらえずに成長のステップと解釈するよう思考が働くようになっていきます。

日記をつける効果は他にもあります。

「日記を継続できている」という小さな成功体験によって、ほかのことも習慣化してみようとチャレンジマインドが形成。その結果を「○」と「×」で日記につけていくと、それはそれで自分の成果を知ることができて、これが実におもしろい。だからまた、別のことに挑戦してみようと思えてくるのです。このようにポジティブな思考サイクルが生まれるのも、日記の持つ効用と言えるでしょう。

私自身、日記をつける前は何となく日常を送る生活でしたが、つけ始めたことで気持ちを落ち着かせることができ、自己肯定感を高めることができています。

感情の把握が苦手な人が多いＡＳＤの人にとって、日記は精神安定剤の役割を果たしてくれます。そして、言語を扱う能力が高いからこそ、１日１日の日記が血となり肉となってくれるのです。

コツ27

ポジティブな言葉を浴び続ける

心の調整弁になる2つの座右の銘

〝言葉は人を育てる〟とよく言われますが、世の中にあふれる言葉は玉石混交《ぎょくせきこんこう》です。

両親や友人、そしてタクシー運転手やバーで隣に座ったおじさんからかけられた何気ない一言に心が励まされたり、勇気をもらったりすることもあります。

その一方で、心が折れるような言葉を投げかけられたり、自信を失うような心ないことを言われたりすることもあります。

そして残念なことに、「ネガティビティバイアス」という言葉が示す通り、人間はポジティブな情報よりも、ネガティブな情報に過剰に反応する傾向が強い。そのため、同じ量のポジティブな情報とネガティブな情報を与えられた場合、後者のほうがより強く、そして長く記憶に残ると言われています。

もともと、災害や事故などの身の危険から守るために発達した機能ですので、このネガティビティバイアス自体が害悪というわけではありません。日常生活の中で、マイナスの言葉や出来事に心が蝕《むしば》まれていくことに問題があるのです。

そうした状況を避けるために、自分の好きな言葉を目立つ場所に貼っておくのがおすすめです。ポジティブな言葉を浴び続けることで、常に気持ちが前向きになれるからです。

私も、高校の同級生で書道家として活動している友人に書いてもらった座右の銘を、自分の机の上に貼っています。

彼女にどんな言葉を書いてもらったかというと、ひとつは「何度失敗しても挫《くじ》けずに、勇気を奮い立たせて立ち上がり再び努力する」という意味を持つ〝七転び八起き〟です。私自身の人生が失敗と挫折の連続で、そのたびに這《は》い上がってきたので、これからもずっとその姿勢を貫こうと自分の背中を押す言葉として飾っています。

もうひとつの座右の銘は「一言芳恩《いちごんほうおん》」。ひと言声をかけてもらったことに対して感謝するという意味になります。こちらは私の気持ちを引き締める戒めの言葉です。天狗《てんぐ》にならず、謙虚さも失わず、誰に対しても感謝を忘れないようにという思いから書いてもらいました。

どちらの四字熟語も1年前から飾っていますが、これらの書を見るたびに現在地と目標を確認しようと思えるようになりました。また、メンタルが落ちているときでも踏みとどまれるようになっています。

意識しないからこそ、言葉が心に響く

私のコーチングを通し、この方法を実生活に取り入れている方も大勢います。

どんな言葉にすれば良いのか迷ってしまいそうですが、自分の理想像を表した言葉、気持ちが沈んだときに背中を押してくれるフレーズ、自分の好きな言葉と、ポジティブに働くものなら何でも構いません。自分の味方になってくれる言葉であることが重要です。

そしてもっとも大切なのは、無意識にその言葉が目に入ってきて、そのたびに言葉の持つ教訓を意識できる環境をつくるということです。ですので、引き出しやクリアファイルの中ではなく、普段の生活の中で意識せずに目に飛び込んできやすい場所に置くことが肝心です。おすすめは毎朝必ず見るところです。洗面化粧台の鏡の角や玄関のドアに貼ってもいいでしょう。私の場合はそれが机の上に当たります。

自分の好きな言葉を目立つ場所に置く。この方法はどんな人にも有用なノウハウです。

ですが、**言語理解力が高いのに、日々の生活に忙殺されて目標を見失いやすいＡＳＤのある人にこそ試してほしい。思い込みも強い私たちだからこそ、毎日、言葉を目にすることで目標をグッと手繰《たぐ》り寄せることもできるはずです。**

コツ28 不安のマインドマップ化

「不安の原因」を書き出す

「うまくやるコツ」を知ってそれを実践できたとしても、完全に人の気持ちを理解し、うまくやれているかを認識することは難しい。そう思う方も多いかと思います。

他人の考えていることがわからない。

自分がちゃんと適応できているかわからない。

ときには、そんな言いようのない不安に襲われることもあるでしょう。しかし、「不安」との付き合い方を知ることで、何度でも立ち上がれるタフなマインドを身につけることもできるのです。こだわりさんがなんとかして生きやすくなるように、様々なコツをお伝えしている私でも、「明日仕事がなくなったらどうしよう」「いきなり会社がつぶれたらどうしよう」など、言いようのない不安に襲われることがあります。

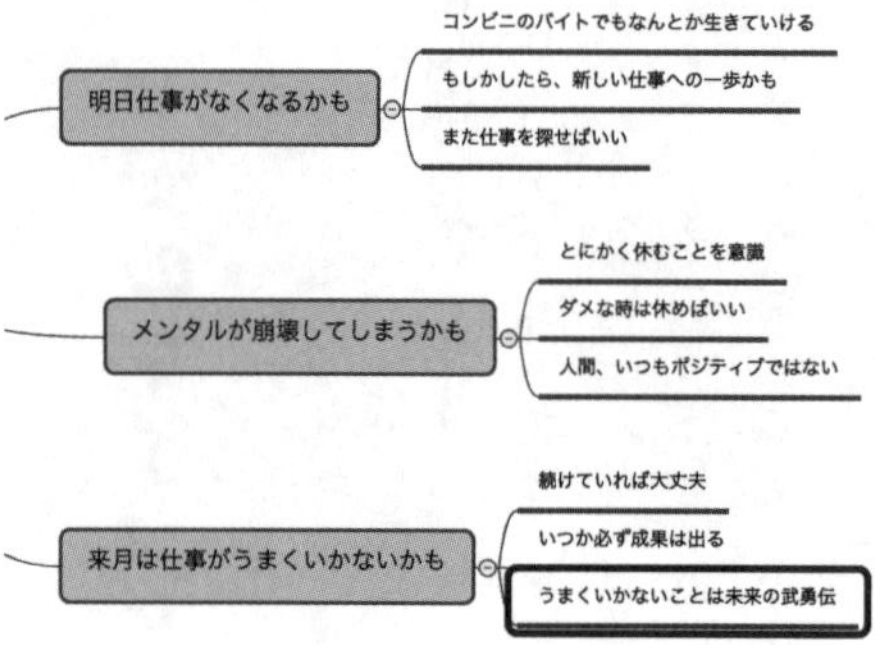
明日仕事がなくなるかも
コンビニのバイトでもなんとか生きていける
もしかしたら、新しい仕事への一歩かも
また仕事を探せばいい
メンタルが崩壊してしまうかも
とにかく休むことを意識
ダメな時は休めばいい
人間、いつもポジティブではない
来月は仕事がうまくいかないかも
続けていれば大丈夫
いつか必ず成果は出る
うまくいかないことは未来の武勇伝

インドマップを書いいるうちに心が落ちいていきます。

ただ、当たり前ですが、〝完全に〟他人が考えていることを理解することは不可能です。だからこそ、「自分は大丈夫なのか」という疑心暗鬼に陥りやすくもあります。私の場合、こうした不安は定期的に襲ってくるので、不安を感じたときは、「何が不安か」を書き出すことにしています。

- **今どうして自分は不安なのか**
- **原因はなにか**
- **それは解決できるのか**
- **できるとしたらどうするのか**
- **できないとしたらどうするのか**

……といったように、不安の内容を細分化

マインドマップの具体例

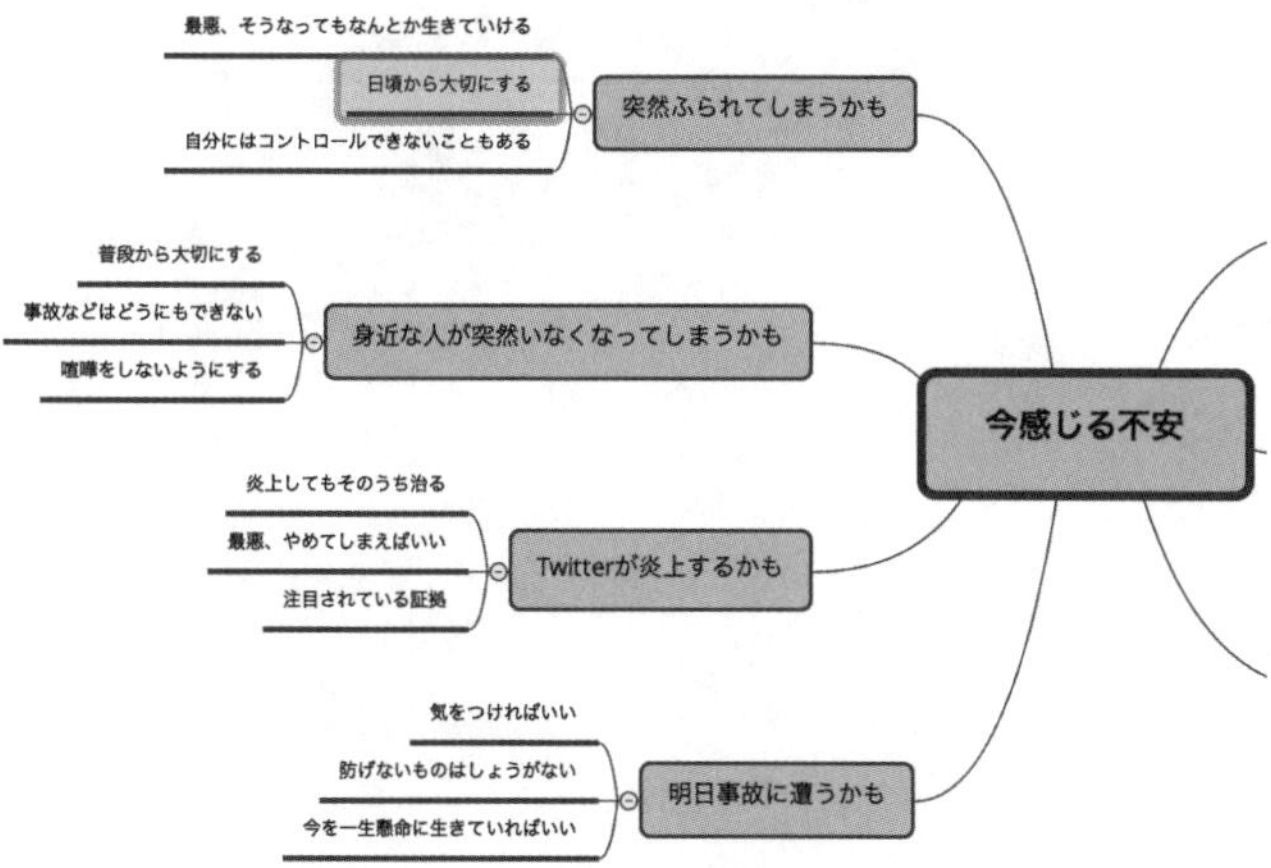
今感じる不安
突然ふられてしまうかも
最悪、そうなってもなんとか生きていける
日頃から大切にする
自分にはコントロールできないこともある
身近な人が突然いなくなってしまうかも
普段から大切にする
事故などはどうにもできない
喧嘩をしないようにする
Twitterが炎上するかも
炎上してもそのうち治る
最悪、やめてしまえばいい
注目されている証拠
明日事故に遭うかも
気をつければいい
防げないものはしょうがない
今を一生懸命に生きていればいい

していきます。こうしてできた不安マインドマップを見ることで、今の問題がすぐ解決できるかできないかというジャッジをすることができます。

すぐ解決できるようなことであれば、すぐ解決する。自分の努力では解決できないようなこと、時間が経たないと解決しないようなことであれば、それはすぐやらなくていいことだとして置いておく。

「自分がどういう不安を感じているか」を言葉にすることで、可視化することができ、落ち着きます。そして、自然と対策も考えられるようになります。解決できなそうな不安もありますが、「最悪のパターン」を想定していれば、思ったよりも悪いことにならないということも多々あります。言語理解力の高いＡＳＤのある人には特におすすめです。

役立った書籍リスト

銀河が
おすすめ

『GIVE & TAKE 「与える人」こそ成功する時代』

著 アダム・グラント、監訳 楠木 建　三笠書房

ビジネスにおける人間関係の基本を学べた本です。「与える人ほど得をする」、「ビジネスはゼロサムゲームじゃない」、など、会社員でも起業しても、独立しても使えるマインドが詰まっています。

『たった1分で仕事も人生も変える 自己紹介2.0』

著 横石 崇　KADOKAWA

これからのビジネス社会を生きていく上でのマインドから、その上で必要な自己紹介の仕方が書いてあります。たった1回の自己紹介で、相手の記憶に残り、仕事の依頼につなげていく方法が詰められています。フリーランスになりたい人には必須の本です。

『超一流の雑談力』

著 安田 正　文響社

雑談は人生を変えるほどに重要である、ということを伝えながら、どのように雑談をすればよいのかがシチュエーション別に書いてあって、とてもわかりやすい本です。何をすればよいかがわかりやすいので、読めばすぐに実践できるようになります。コミュニケーションが苦手な方にすごくおすすめです。

発達障害を「資産」にする上で

『エッセンシャル思考
最少の時間で成果を最大にする』

著 グレッグ・マキューン、翻訳 高橋璃子　かんき出版

発達障害のある人には、必要のないことにこだわってしまったり、重要でないことをたくさん思いついたりして、生産性が落ちてしまう人が多いと思います。そんな人に特におすすめです。本当に人生で大切なものは何か、そこに時間をかける意味は何なのか。人生で最も重要なことが何かを気づかせてくれる本です。

『コミュ障でも5分で増やせる
超人脈術』

著 メンタリストDaiGo　マキノ出版

どのようにして友人関係や、仕事での人間関係を築いていくかをわかりやすく記述してある本です。具体的にどうすればよいかが書いてあるので、読んですぐに実践できます。もっと人間関係を広げていきたい、友人をさらに増やしていきたいという方に、おすすめの一冊です。

『発達障害の僕が「食える人」に
変わった すごい仕事術』

著 借金玉　KADOKAWA

言わずとしれた発達障害の方々のバイブルだと思います。普通に生きられなかったとしても、どうやって人生を乗り切っていくかが書かれた本です。私も共感する部分が多くありました。こちらの本と、私がお伝えすることを組み合わせていくと、凸を活かして「発達障害を資産にする」ことを実現できる可能性が高くなるのかなと思います。

第4章

私たちの十八番《おはこ》「過集中」を使いこなす！

コツ29

忘れ物をしても死にはしない

忘れ物の最大の弊害は「ダメな自分に落ち込むこと」

あるときは注意散漫な様子を披露することもあれば、その一方で、過集中を発揮して周囲の人たちが驚くほどの才能を見せることもある、こだわりさん。**本章では、こだわりさんが持つ、ずば抜けた集中力を発揮するために必要な「環境づくり」を中心に取り上げていきます。**

まず、こだわりさんが、日々格闘している「忘れ物」。多くのＡＤＨＤのある人は「２つ以上の作業をすると片方を忘れてしまう」や「終わったと思っても何かしらの抜け漏れがある」などの特性を持っています。対してＡＳＤのある人には、「反復性の行動・関心の狭さ」という特性を持っている人が多いのです。同じ行動パターンや特定の分野への執着が強すぎる分、その反動で関心のないことに関しては〝忘れっぽい〟という現象がよく見られます。

会社員として働いていた頃の私は、長期休暇で地方の温泉宿に訪れたときでも、隙間時間に仕事をするため、ｉＰａｄを持ち歩くようにしていました。しかし、あるとき、休暇中の旅館でいつものようにカバンを開けたら、入っているはずのｉＰａｄがなく、「なんて無能なんだ……」と、食事も喉を通らないほど落ち込みました。楽しいはずの旅行がちっとも楽しめず、ずっと鬱々《うつうつ》としていて、同行者にも迷惑をかけました。このときの旅行は当時交際していた彼女としていたのですが、あまりにも落ち込みすぎて気持ちは上の空。ずっとｉＰａｄがないことをブツブツ言っていたら、「ないものはないんだから、しょうがないでしょ！」と交際相手にこっぴどく叱られ、そのあと半日ほど口をきいてもらえなくなりました。

もちろんこのケースに限らず、日常生活の中でも忘れ物はひどく、そのたびに自分を叱責して自信を失う負のスパイラルに陥っていました。私のようにＡＳＤやＡＤＨＤ傾向のある人たちは、ものへのこだわりが強いことが多いため、「ある」と思っていたものを忘れてしまうとパニックに陥ってしまいます。そして、騒ぎたて、周りを驚かせる傾向にあります。毎回、忘れ物があるたびに、パニックになり、自分のポテンシャルを最大限発揮できない……。これこそが、こだわりさんが忘れ物をしてしまったときの最大の弊害です。

そこで、この負の連鎖を断ち切るため、私が決めたのは「目的達成のために、最低限のものだけあればいい」という思い切りを持つことでした。

目的を達成するために最低限必要なものだけを持ち歩く

最低限とはどういう意味でしょうか。仮に「旅を楽しむ」という目的を果たすためなら、現金とクレジットカードとパスポートさえあれば、ほかのモノは最悪、現地調達すればよいのです。同じように、アイドルのコンサートなどへ行く場合、お金とチケットさえあれば、推しメンのパフォーマンスに感動することができます。

必要なもの以外はすべて捨てろと、言いたいわけではありません。忘れないなら自分が必要だと思うものを、いくらでも持っていってもよいのです。ポイントは、いざ自分が忘れ物をしたときの動揺を減らすことです。目的を果たすために本当に大事なものを知っておき、それ以外のものを忘れたとしても気にしない。そして、本来の目的達成に必要なもの以外を忘れたとしても、自分を責める必要はないと知ってほしいのです。

夜寝る前に、次の日に必要な最低限のものを厳選して、これ以外のものは忘れても構わないと思い切る。すると、忘れ物をしても、「忘れてしまった……」と落ち込まなくなります。

1か月間使っていないものは、カバンから出す

「必要最低限のものだけを用意する」上で、重要なのが、「どれが本当に必要なものなのか」を厳選する作業です。この作業を行う上で、私が取り入れているメソッドのひとつは「月に1度の選別」です。

現在の私のカバンの中には、パソコンケーブルが入った袋、ペンケースの中に黒のボールペン2本とお客様にサインを求めるときに使うちょっと高級なボールペン1本しか入っていません。

しかし、かつての私は、大きなバッグに、ものを詰められるだけ詰めるのが当たり前でした。何本ものUSBケーブルやホチキス、付箋。ほかにも、ごくたまに仕事が遅くなった際に宿泊するホテルで使用するシェイバー、シャンプー、替えの下着などなど。とにかく何でもカバンに詰め込んでいたので、いつでもカバンはパンパンでした。常に何でもバッグに入れて持ち歩いていれば、ものを忘れることはありません。ただ、重い荷物を持ち

歩くのはしんどいし、中に何が入っているかを把握していない。そのため、何度も同じものを買い足すという事態も頻繁に起こっていました。

あるとき、「カバンの中に入っているものは、1か月以上使っていないものが大半である」という事実に気がつきました。1か月に1回も使わないもののために、重い思いをしてものを運び、乱雑なカバンの中身を探って、何分もかけてものを捜しているのか……と思うと、ふとむなしくなったのです。

そこで、「最悪、何かを忘れても日本にいる限り買い足すことができるのだから、持ち歩くものをどんどん減らしていこう」と決意しました。それ以降、使っていないものを知るために、「月1回、一度も使っていないものはカバンの中身から撤去する」というルールを自分に課して、カバンの中身を見直したのです。使用していないものをどんどん取り出していった結果、私のカバンの中身は、冒頭でも紹介したようにケーブルとペンケースのみにとどまっています。

とはいえ、いきなりここまで持ちものをスリム化するのは難しいので、まずは、自分が必要だと思うものすべてをカバンに入れて生活してください。そして1か月後に、「使用したか・使用していないか」の基準でものを振り分けて、未使用なものはカバンの中から抜いていく。カバンの中身が本当に必要最低限になるまで、これを繰り返しましょう。

不思議なもので、不安だから荷物が多くなってしまっていたのが嘘のように、必要最低限のものさえあれば仕事はこなせるという安心感が芽生えてきます。そして、より一層自分の仕事に向き合えるようになるはずです。

忘れたくないものは、ひとつの袋にまとめる

忘れものを減らすための2つ目の極意は、「パッケージ化」です。仕事で日常的に使う必需品は、すべてひとつにまとめてしまいましょう。私の場合、携帯品をギリギリまで減らした結果、仕事で最低限必要なものは、パソコンとスマホ、そしてパソコンを充電するケーブルだけになりました。この中で一番忘れやすいのが、パソコンの充電ケーブルです。ケーブルを1本だけで持っていると絶対に忘れるか、なくします。家で使って、外で使って……と使う場所が複数あるものは、絶対に2つ以上ストックしましょう。そのうちのひとつを袋に入れておき、カバンの中に入れっぱなしにしています。もし、外で使った場合、そのケーブルの使用後には必ず袋に入れ、カバンの中に戻すように習慣化しています。

ケーブルと同じ袋の中に入れているのが、私が絶対に忘れたらまずいと思っている印鑑

銀河の「パッケージ化」の中身

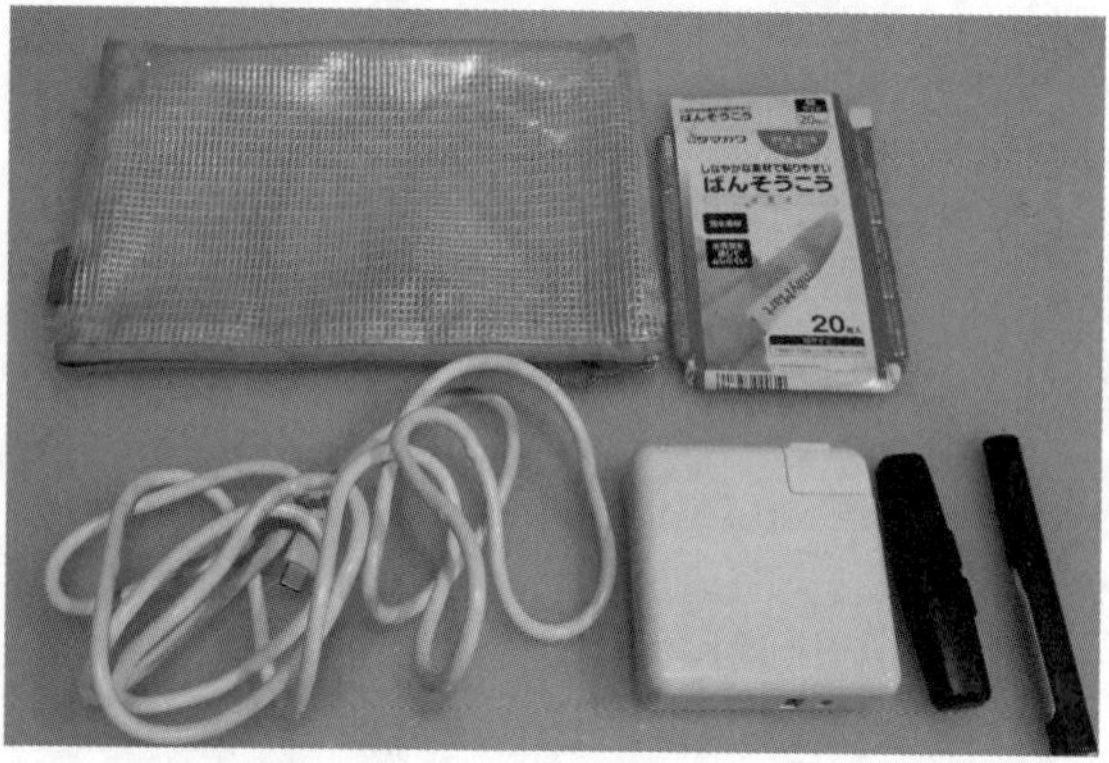

「パッケージ化」を実施して以降、写真の最低限必要なものだけは忘れたことがありません。

と絆創膏《ばんそうこう》です。印鑑の使用頻度はさほど高くありませんが、契約書を交わす際など重要な場面で忘れると大変なことになります。以前、契約段階で印鑑を忘れて大慌てした経験を経て以来、印鑑はいつも持ち歩くようにしています。

そして、絆創膏について。やや不注意な私は、契約書を折るときに指を速く動かして、指を切ってしまうことが頻繁にあります。そのまま仕事を続けてしまうと、契約書に血が付着して、契約書を作り直さないといけない。そんな事態を避けるため、絆創膏は印鑑とセットで欠かせないマストアイテムです。

大切なのは、このふたつを心がけることで、「忘れ物をしても危機的な状況にはならず、なんとかなる」という精神状態を保つこと。そして、もし失敗をしても、「自分はダメなやつだ」と責めないようにすることです。罪悪感を減らし、ぜひその分のエネルギーを自分のパフォーマンスアップにつなげてください。

コツ30

情報管理は、ひとつのアプリにまとめる

ワーキングメモリの無駄遣いを減らす

こだわりさんは、ものの整理だけでなく、情報の整理も苦手な傾向にあります。

自分が扱う情報を、欲しいときに瞬時に取り出す。これは、集中力を切らさずに作業効率を高める上でとても重要なポイントです。特に、こだわりさんは「ワーキングメモリが小さい」と言われがちです。ワーキングメモリとは、現在行っている作業に必要な情報を一時的に記憶し、その記憶を使って一連の作業を行っていくことができる能力の限界値のこと。このメモリが小さいと、「一度に2つ以上のことを処理するのが苦手」「電話で約束した内容を、電話を切った後には忘れている」といった事態が起こってしまいます。抜け漏れやもの忘れを防ぎ、仕事の処理速度を高めるには、ワーキングメモリの無駄遣いを避ける仕組みづくりが求められるのです。

いつでも効率的に情報へアクセスできる環境をつくるため、私がおすすめしているのが、カテゴリー別に情報をひとつのツールにまとめる管理術です。

情報はクラウドで保存

例えば、私はスケジュールの管理はＧｏｏｇｌｅカレンダーで行っています。そして、それらの仕事の進捗状況や情報管理についても、同じくＧｏｏｇｌｅのスプレッドシートに書き込んでいます。

スプレッドシートとは、インターネット上で使用するＷｅｂアプリケーションの一種で、Ｇｏｏｇｌｅが提供している表計算ソフトです。Ｅｘｃｅｌとは違い、ＧｏｏｇｌｅのアカウントがあればЧ誰でも利用でき、ダウンロードやインストールの必要がありません。大事なのは、いつでもどこでも（パソコンでもスマホでも）情報にアクセスできる環境をつくることです。パソコンに向かっている間だけ作業するのではなく、電車での移動中に思い出したら、ささっと調整できるので、タスクの漏れを劇的に防げるようになりました。

ただ、アプリ内に様々なファイルをつくりすぎると、ごちゃごちゃしてしまい、頭の中が情報でごった返しているのと同じ状態になってしまいます。これでは、ワーキングメモリを無駄に使っているのと何ら変わりません。そこで、重要なのは、現在必要なファイル以外はつくらないことです。「済み」のファイルを作成し、ここにプロジェクトが終わったファイルをどんどん入れていきましょう。進行形のプロジェクトと分別するだけで、すっきりと情報は整理され、脳を無駄な情報から守ってくれます。

Ｇｏｏｇｌｅが無料で提供しているサービスはスマホ、パソコンにそれぞれ同期させることで情報の管理を一元化でき、いつでもどこでも確認できるし、書き込めるので重宝しています。なお、私の場合は、Ｇｏｏｇｌｅ系を主に使っていますが、ほかにも便利なアプリはたくさんあると思います。私自身、評判の良いアプリを1週間試しに使ってみて、フィーリングや相性が悪かったら切り捨てる、を繰り返した結果、今に至っています。ワーキングメモリの無駄な消費から守ってくれる自分に合ったツールを見つけてください。

コツ31

走りながら考える

行動は、見切り発車のほうがうまくいく

「白か黒か」「100かゼロか」というように、思考が極端に働いてしまうASDのある人は完璧主義な性格の人が多いです。責任感が強く、細かな作業であっても仕事の質は高い。その一方で、自信を持ちづらく、納得しづらいがゆえに、石橋を5回くらい叩いてから渡るほど慎重になり、ときとして物事を先送りにしてしまいがちです。そして、理想を追求しすぎて全体像が見えないまま、一気にやろうとして納期を守れない。

昔の私も、ミスをしたくないので、理想とする完成形を頭の中でがっちり細部まで固めたあと、そこに辿り着くまでの道筋を決めようとしていました。準備段階で成功が約束されないと、不安で作業に取り掛かれなかったのです。

しかし、すべての仕事には納期があります。「確信と自信が持てるまで待ってくださ

い」という身勝手で悠長な言い分は、誰にも聞き入れてもらえません。時間不足でいつも完璧なプロセスを見いだせない私は、納期直前にあたふたしながら仕事に取り掛かってしまう。徹夜も当たり前でしたが、それでも間に合わないことがあり、そのたびに「あいつは納期通りにできない人間」として、自分の評価を落としてしまっていたのです。

または、作業の途中で、「これではうまくいかないのではないか」とパニックに陥ってしまうこともよくあります。あるときは、資料作成中に「終わらないのではないか」との不安からパニックになり、集中力が下がってしまい、普段のパフォーマンスよりも格段に穴や抜けが多い資料になって、上司の逆鱗《げきりん》に触れたこともあります。

仕事の設計図をつくって、課題や作業を細分化、そして作業工程を考えたあとに行動に移すこと自体はむしろ効率的で、決して悪いことではありません。問題なのは、完璧を求めすぎるあまりに煮詰めすぎて、作業に取り掛かる初動が遅すぎることです。

逆に言えば、初動を早めることができれば、その完璧主義ぶりをプラスに変えることができるのです。コツ03でもご紹介したように、誰よりも早く実践すれば、誰よりも早く学べます。そして、完璧主義を活かせば、誰よりもクオリティの高い成果を上げることができるでしょう。

実際に作製したポスター

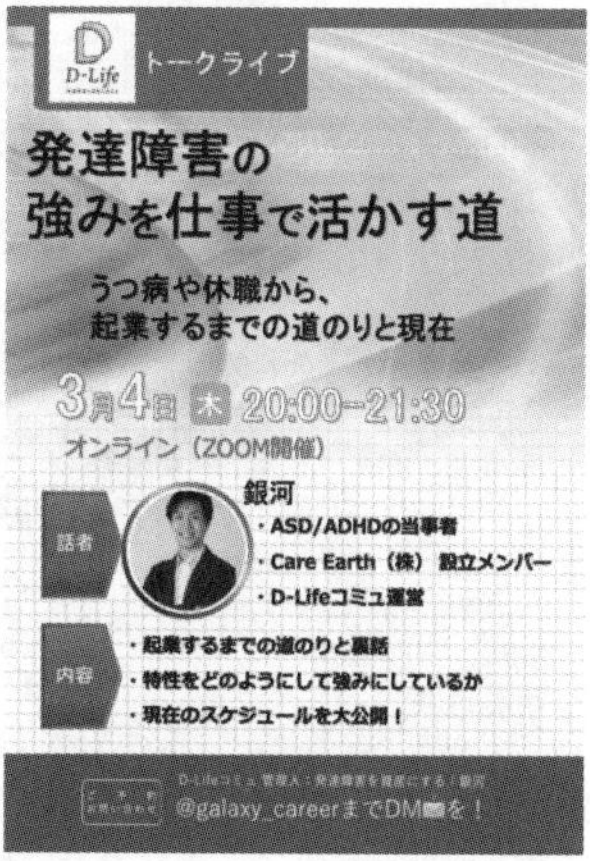

以前、作製したポスター。作製するのにかかった時間は15分ぐらいで、初めてポスターを作ったときに比べるとかなり早くなりました。

私は現在、Ｔｗｉｔｔｅｒでイベントの告知などを行っていますが、デザイナーさんなどに依頼せずに、パワポン（https://ppon.askul.co.jp/）というサイトからテンプレートをダウンロードして、オリジナルで作製しています。実際、「デザイナー経験もない私が作れるのかな？」と思う部分もありましたが、これも見切り発車でやってみたところ、我ながらなかなか良いチラシが作れました。その後も、「このチラシをもっと完璧にしたい！」という思いで取り組み、クオリティは日に日に上がっていきました。

やり方は、やりながら考えるのがベスト

では、初動を早めるためにはどうしたらいいのでしょうか。まず、目の前の目的を達成するために必要な作業や課題を細分化していきます。ここまではいつもの通りです。その後は、仮にプランが完璧ではなかったとしても、思い切って、どれでもいいので、作業を始めてしまいましょう。順番も適当でいい。とにかく今できる箇所から取り掛かっていくことがポイントです。

例えば、パワーポイントで資料を作成する場合、完璧主義傾向のある人ほど「タイトルはこれで、構成と各ページに入れる要素はこれで、使う画像はこれで、結論は……」と、1ページ目からこと細かに細部まで設計図をつくってからでないと動き出せません。

この「完璧な設計図をつくりたい！」という気持ちをぐっとこらえて、まずは、「タイトルを決める」「結論とその根拠を決める」「参考になるような過去のパワポ資料を探す」「使えそうな画像やデータを探す」などと、パワポの資料を作る上で必要な作業を、大雑《おおざっ》把《ぱ》に書き出してみましょう。そして、その中で自分にとってやりやすい箇所から埋めていきましょう。その時点では、終わりが見えていなくても大丈夫です。

イメージとしては、100を完成させるために、1から2、2から3を積み上げて順番

に１００に辿り着くのではなく、１から10まで積み上げたパーツを10個別々につくって、最後に合体させて１００にするようなもの。こうやって全体を俯瞰《ふかん》しながらつくることで、より様々な角度から企画書を磨き上げることができるため、最初から完璧に準備してスタートするよりも、ずっとクオリティの高いものに仕上がりやすいです。

なお、この「走りながら考える」という手法は、仕事だけではなく、何か人生の決断をする際にも使える思考法です。例えば、転職するかしないかを決断するときも「今の会社と同じくらいの年収がもらえないと嫌だな。じゃあ、いいか」ではなく、まず、転職活動をしてみて、自分の市場価値や実際の提示される年収を知ってみる。そうやって、走りながら、理想と現実を調整していくことで、より良い決断をすることができます。ロールプレイングゲームでも、ラスボスを倒せるまでレベルを上げまくってから最初の街を旅立つことはありません。最低限の装備が整ったら、まずは街を出て、旅をしながらレベルを上げていくものです。石橋は叩く前に、歩いてみる。その精神が大事なのだと、ぜひ心してください。

コツ32

細かいタスクはまとめて秒速でかたづける

横やりを物理的に消す

「せっかく仕事がはかどっていたのに、上司からの怒りのメールや電話のせいで、仕事のやる気が失《う》せた」

「さっきまでは没頭していたのに、話しかけられたせいで、一気に集中力が切れてしまった」

こんな経験は、社会人になって誰しも一度はあるはずです。人は集中している状態が途切れると、再び集中した状態に戻るまで時間がかかります。それは、過集中という特技を持っているこだわりさんであっても同様です。むしろ、過集中の状態から一度スイッチが切れてしまうと、普通の人よりも集中状態に戻るためには時間がかかります。集中力を切らさずに、一定時間の中で仕事に没頭するためには、余計な横やりに邪魔されない環境をつくらなければなりません。

では、その環境をどうつくるか。そのひとつは、メール、メッセンジャー、SNSの通知をOFFにして、横やりを物理的に消すというもの。当然、電話もマナーモードに。これをするだけでも、かなり仕事に集中できるはずです。

加えて、私がおすすめするのは「細かいタスクはまとめて秒速でかたづける」という手法です。細かいタスクとは、メールの返信に代表されるような、ひとつの作業が15分以内で終わる細かな仕事のこと。細かい単純作業となるタスクと、時間を使ってじっくり考えなければならないタスクは、使う頭の回路が大きく違います。使う回路が違うタイプの仕事を交互にやると、頭を切り替えるのが大変で、その分、効率が下がります。それゆえ、「この業務は単純作業」「この作業は頭を使う作業」などと仕事の種類によって、その作業をする時間は明確に分けるべきだと思っています。

懸念を残すとワーキングメモリが減り、効率が下がる

また、何かしらの懸念があると、ワーキングメモリが余分に使われてしまいます。例えば、1通でも「メールを返さないと」という心配ごとを頭の中に残したまま、別の作業に

移ってしまうと、その分だけ別の業務に割けるワーキングメモリが減り、当然パフォーマンスは低下する。そもそもこだわりさんはスケジュール管理が苦手な人が多いので、イレギュラーな作業が発生することでケアレスミスをするリスクが高まります。

逆に言えば、複数の業務を並行して作業しない工夫をすることで、成果を高めることができます。そのためのメソッドのひとつが「細かいタスクはまとめて秒速でかたづける」なのです。もし、集中力が必要になる仕事が控えている場合、15分以内のタスクは、ささっと秒速でかたづけて、ワーキングメモリを空けておきましょう。

15分以内のタスクに使う時間は、最大で1時間ほど設定を。この時間内は、細かな単純作業のみを行います。考え始めると長時間が経過してしまうような重要な案件には一切触れてはいけません。この時間枠は、就業時間内に2～3枠ほど用意しておきます。

そして、残った枠の中で、優先度の高い業務やタスクを進めていきましょう。私の場合であれば、ＳＮＳ上での発信やサイトの記事構成、コーチング面談、パワーポイントの資料作り、ＹｏｕＴｕｂｅのアイディアの練りだしなどが、これに該当します。**仕事の属性と時間をしっかり分別し、目的を明確化すれば、作業効率を劇的に高められます。実現できれば、マルチタスクが苦手だけれども、ひとつの作業に高い集中力を発揮できるこだわ**

りさんにとってはプラスに働くはずです。

即レスの呪縛から逃れよう

しかし、「細かいタスクはまとめて秒速でかたづける」にはルールがあります。それは、いかに相手とのメールのやりとりが続いたとしても、時間内で切り上げる、ということです。確保した枠内でメールやLINEのラリーが続くのは全く構いませんが、それ以外の時間でラリーのようにメールするのは極力避けるようにしましょう。

このメールの無駄なやり取りを減らす秘訣は、コツ23で説明したように「必要以上にダラダラした内容を送らず、結論と要点のみを箇条書きで書く」ということ。そして、相手のメールの仕事以外の内容に共感や関心を示さないこと。

発達障害の方々向けのコーチングの現場で「メールなどはまとまった時間で返すようにしましょう」と伝えると、「待たせるのは悪いからメールは早く返さないと」と切り返してくる方は少なくありません。しかし、メールを送った相手は、あなたとだけメールをしているわけでもないし、ずっとパソコンの前であなたの返信メールを待ち構えているわけではありません。仮に返信までに5~6時間程度の時間が空いても全く問題ありません。

騙されたと思って、週1回でもよいので、「メールは即レスせず、まとまった時間に返す」という方法を取り入れてみてください。意外と、メールは即レスしなくても問題ないという事実に気がつくでしょう。

「メールは即返信がマスト」と頭でっかちになって身構えるのではなく、そんなことはないという体験を一度肌で感じれば、気持ち的にも余裕が持てるようになります。

もうひとつ、大切なルールは、「メール内で議論は交わさない」ことです。

メール上において、細かい点を詰める展開になったら、その後はZoomや電話といった直接の会話を通してのやり取りを提案しましょう。メールの文章上では、どうしても細かなニュアンスを詰めることができないからです。

電話やZoomでの打ち合わせをする際、こだわりさんは話が長くなりがちなので、こちらも時間を区切って対応しましょう。目安は長くても30分前後です。コツ22を思い出して「結論↓説明↓結論」の順で手短に要点のみで会話を展開していきましょう。

コツ33 返すべきＬＩＮＥやメールのみに最小限の力で集中する

グループチャットへの返信は、一言でＯＫ

メールや電話やビジネスチャットをはじめ、最近は集中力を欠くようなツールが多数存在します。中でも、要注意なのがグループチャットやＣＣメールです。複数人で同時にやり取りするメッセージが無数に飛び交っているので、すべてに対応すると体力を消耗してしまいます。

しかし、自分がメインとなるメール以外に関しては反応する必要はありません。反応するとしても、ＬＩＮＥスタンプや一言で意思を示す程度で十分です。

「一言で返す」という提案をコーチングの現場でですると、「返信内容が短すぎると淡白すぎないか」「薄情な人間と思われないか」と、不安や緊張を覚えるこだわりさんが一定数います。ただ、実は、複数人でやり取りをしている場合、投稿した人は誰が自分の意見に対して書き込んでいるかについて、意外と気にしていません。それよりも、彼らが目を向けているのは、自分の考えに対してどれだけの賛同者がいるのかという事実です。SNS上の〝いいね〟ではありませんが、身近な人に共感してもらえるだけで、安心感や承認欲求が満たされ、気持ちが前向きになれるのです。だから、こと細かに理由を伝えるよりも、「素敵な案ですね」「いいと思います」などとポジティブな感想を一言で伝えたほうが、グダグダ書くよりも心に響いたりします。

反応率が高く伝わりやすいメールはとにかく短い

不特定多数の人たちとのやり取りでは、返信する内容はもちろん、投稿する場合でも短く端的に。それが鉄則です。百聞は一見に如《し》かずなので、ここでは事例を通しながら解説していきます。まずは、悪い例から見てみましょう。

投稿：悪い例

みなさん、凹凸の凸を強みにしたいと思ったことはありませんか？

私はそのような思いを3年前から常に抱えながら仕事をしてきました。でも、なかなかそのような機会を見いだせず、今に至っています。

しかしながら、私たち発達障害の人たちに大切なことは、凹凸の凹を見つづけることではなく、凸に集中することではないでしょうか。私は心の底から（本当に、本音という意味で）そう思うのです。

ですが、そのような人は多くいませんので、なかなか手本になる人を見つけることも難しいでしょう。私も日々、そんな人と出会いたいと思っていましたが、なかなか出会うことができませんでした。

ところが、最近、そのような方に出会い、なんとイベントまで開催させていただくことになりました。出会った経緯などは様々あるのですが、その点は省略（聞きたい方はぜひDMをください）させていただきます。

というわけで、イベントを行います。

『凸を強みにした高卒フリーランス』
今回はD-Lifeコミュのメンバーでもある〇〇〇〇さんにお話しいただきます!

日時:2月19日(金)20時~
@ZOOM

読者の多くの方も感じたと思いますが、とにかく長い。これに尽きます。正確に伝えたいという思いが強すぎるがゆえに、感情を制御できず、長々と書き連ねてしまっています。私自身も例文を書いていてげんなりしてしまいました。ちょっと厳しいかもしれませんが、このメールが投稿されたら、読み手にも覚悟が求められますので、読む気はなかなか芽生えません。

続いて、良い例の投稿内容を見てみましょう。

投稿：良い例

2月19日に開催します、新たなイベントのお知らせです！
『凸を強みにした高卒フリーランス』
今回はD-Lifeコミュのメンバーでもある〇〇〇〇さんにお話しいただきます！

日時：2月19日（金）20時〜
@ZOOM

【内容】
転職、ギャンブル、様々な困難から行政書士に合格し、会社経営をしながらフリーランスとして活躍されるようになった道筋や、やり方をみなさんにお伝えしていただきます！
・フリーランスとして働くことを考えている
・今は厳しいけど、もっと活躍していきたい

・コミュ力をもっと上げていきたい
そんな方にぴったりの内容になっています！
参加希望の方は🙋DMをお願いいたします！

悪い例と比べ、情報がカテゴリーごとに分けられており、要点も箇条書きになっているので、頭に入ってくると思います。
こだわりさんは、細部まで伝えようとして、パソコン画面を埋め尽くすほどの量になりがちです。ですが、実例からわかるように、実は短いほうが読みやすく、反応も大きく違います。長い文より、シンプルに。そこに全集中してください。

コツ34

メールでの丁寧さは敵

相手に伝えるときは、５Ｗ１Ｈではなく４Ｗ

瞬間的に爆発的な集中力を見せるのが、こだわりさんが持つ特性のひとつです。**ただ、それがときとして、仕事の成果に何ひとつつながらないという悲惨なケースを招くことがあります。ゆえに、いかに結果に直結しない作業や行為に、手持ちの〝集中力〟を分散させないかが肝心です。**メールの〝丁寧さ〟は、その最たるものです。

これまでにも再三お伝えしてきましたが、言語能力が高いＡＳＤのある人は、文章を読解する能力が高く、また創作する力も優れています。ですがその半面、強いこだわりが反作用してしまうと、シンプルに書けるはずの内容を、専門家のように小難しく隙のない文章にする傾向が見られます。

丁寧な文章を心がけることはすばらしいことなのですが、同じ効果しか得られないのに意識しすぎてしまうのは、実にもったいない。コツ34では、丁寧すぎる文章から脱却し、相手にわかりやすくてすぐに返せるメールのコツをいくつかご紹介します。

まず意識してほしいのは、〝４Ｗ〟です。

ビジネスにおける基本のフレームワークのひとつに、５Ｗ１Ｈがあります。Ｗｈｏ（だれが）、Ｗｈｅｎ（いつ）、Ｗｈｅｒｅ（どこで）、Ｗｈａｔ（なにを）、Ｗｈｙ（なぜ）、Ｈｏｗ（どのように）をそれぞれ表した言葉です。この５Ｗ１Ｈを意識して文章を構成することで、伝えたい情報が明確になり、過不足なく伝えることができます。コミュニケーション、プレゼンテーション、コンテンツ制作に至るまで、あらゆるビジネスシーンにおいて使える汎用性《はんようせい》の高い、とても有用なフレームワークです。

ただ、日常のメールやＴｗｉｔｔｅｒといったＳＮＳでの返信において、５Ｗ１Ｈはかしこまりすぎるというのが私の考えです。普段のやり取りで、ここまでやってしまうと長すぎて、周りからは煙たがられます。

その対策法としては、「Ｗｈｙ（なぜ）」「Ｈｏｗ（どのように）」の２つを除いた〝４Ｗ〟にとどめた文章で構成します。このほうが読みやすい長さになるし、手間もはぶけます。

5W1H のメール

○○○部長
お疲れ様です。

銀河です。

今回、○○○○○の件でご連絡させていただきました。
なぜご連絡させていただいたかというと、○○○○ということがあり、
○○○さん から部長に連絡するべきと伺い、ご連絡させていただきました。

今回のご連絡はご相談になります。お電話の方が良かったとも思ったのですが、
お忙しいと思いますので、メールにて、ご連絡させていただきます。

さて、今回のご連絡はご相談でございます。
○○○○という件で○○○さんというキーパーソンから○○○○というご意見を伺いました。
この内容について○○○○とお答えすれば良いと思ったのですが、いかが でしょうか。

先日○○○○日に、○○○病院にてお会いしたときにお伺いしたご意見です。
ご意見をいただけますと、大変ありがたいです。 よろしくお願いいたします。

4W のメール

0000 部長
お疲れ様です。

銀河です。

ご相談でご連絡させて頂きました。

0000 という件で、0000 というキーパーソンから
0000 というご意見を伺いました。
この内容について 0000 とお答えすれば良いと思いましたが、
いかがでしょうか？

先日 0 日に、000 病院にてお会いした時にお伺いいたしました。
ご意見を頂けますと、大変ありがたいです。

どうでしょうか?

「なぜ」「どのように」などの項目が入っていると、意味がないように見える上に長く感じてしまうと思います。

では、4Wの構成ではどうでしょうか?

一気にスッキリしましたね。そうなのです。仕事において、「なぜ」や「どのように」は必要ないことが多いのです。

なぜなら、仕事での目標は、大抵みんなの中で決まっているもの。営業であっても、マーケティングであっても、デザイナーであっても、共通した「目的」や、「前提知識」があると思います。なので、わざわざそれらに触れなくても、メールなどは通じるのです。

文章は最後から読む

2つ目のテクニックは、「相手の文章は最後から読む」です。

私たち日本人は、「起承転結」に沿って文章を構成する癖が染みついています。そのため、必然的に最後に書き手の言いたいことがくるようになっています。ですので、結論から読み始めると、頭から読むよりも、理解の深さとスピードが格段に変わります。共感した内容を秒速で返信できるのです。

私自身、上司にメールが長くて読みづらいことを指摘されたことがありましたが、上司から戻されて自分で読み返すまで、そのひどさに気づくことができませんでした。

少しでも無駄な作業を削ぎ落とすことで、本来自分が力を入れてやるべき作業としっかり向き合うことができます。常にフルパワーでエネルギーを消費するのではなく、武器の使いどころを間違えないように意識してください。

コツ35

事務作業は徹底的にスケジュール化

スケジュールの枠を押さえてしまう

再三お伝えしている通り、私も含めて、こだわりさんはマルチタスクが大の苦手という人が多く、その一方で、ひとつの業務に対しては、多くの人が音をあげる細かな作業でも、丁寧かつ地道に取り組むことができます。**一点集中に打ち込める環境さえつくれれば、ハイパフォーマンスを実現できるのも私たちの強み。そのため、〝時間を分けて管理する〟という意識を持てば、発達障害という武器を最大限に活かすことができます。**

そこで重要なのが、集中すべき仕事のスケジュールをあらかじめ押さえることです。

現在、私が〝時間の管理〟に使っている「Ｇｏｏｇｌｅカレンダー」では、打ち合わせや会議など「人との約束」の予定だけではなく、「△△社へのプレゼン資料作成」「●●部長に向けた書類作成」「ブログに載せる原稿作成」などの事務作業の時間も確保しています。何かの仕事が入った時点で、そのままカレンダーのスケジュールの中に組み込んでしまうからです。

なぜかというと、多くの人はＴｏＤｏリストを作成するものの、そのＴｏＤｏにどのくらいの時間がかかるのか、いつやるのかを厳密に考えていないケースが多いからです。「１週間後が締め切りだから、ここまでのどこかでやろう」ではなくて、「１週間後が締め切りだから、その３日前のこの日のこの時間にやろう」というくらいまで厳密に落とし込んでおかないと、漏れや抜けが発生します。だから、タスクが入った時点で、「この日のこの時間にやろう！」と決めるのが良いです。

なお、事務作業をスケジュールに組み込む際は、「自分が考える所要時間の１・５倍」を確保するのがポイントです。例えば、プレゼン資料の作成に２時間はかかるなら、１・５倍の３時間分をスケジュール上で確保しましょう。人と会う打ち合わせなどの場合は「１時間」と決まっていれば１時間で済みますが、自分で進める事務作業はその日の体調や集中力にも左右されます。だから、未来の自分に過度な期待をせず、ちょっと時間にバッファを持たせておくことが大切なのです。

Googleカレンダーはリマインドにもなる

もちろん、あらかじめ時間の枠を押さえていたとしても、急遽外せない予定が入ってしまう場合があります。そのときは、ほかの予定とかぶらないように、タスクを別の日にずらしてください。このとき、「できなかったらすぐにずらす」という行動をとることで、Googleカレンダーがリマインド機能も担ってくれます。

また、慣れてきたら、Googleカレンダーは日記的な使い方もできます。例えば、私の場合は、Googleカレンダーの空欄に、Twitterのフォロワー数を書くようにしています。スケジュールは毎日見るものだからこそ、気になる数字の推移をつけて可視化すると、モチベーションアップにもなります。成果のわかる数字を書き込んでいくことで、仕事が楽しくなるはずです。

なお、日頃、私はLINEのメモ機能に、「○○さん向けのプレゼン用の資料を作る」「△△社の請求書を作る」「ブログに上げる原稿を書く」など、1、2週間以内にやりたいToDoリストをどんどん書き込んでいます。そのリストを、順次Googleカレンダーに取り込んでいき、クリアしたタスクは消すようにしています。

先ほど、「Googleカレンダーに入れた予定でできなかった業務や作業はすぐにずらす」とお伝えしましたが、そのずらす作業すら忘れてしまうこともあります。ですが、ＬＩＮＥのメモ機能にもＴｏＤｏリストを残しておくことで、やり忘れを防ぐことができます。これは、自分の頭がポンコツで忘れっぽいために、編み出した独自の術です。

ToDo リストとしての LINE の使用例

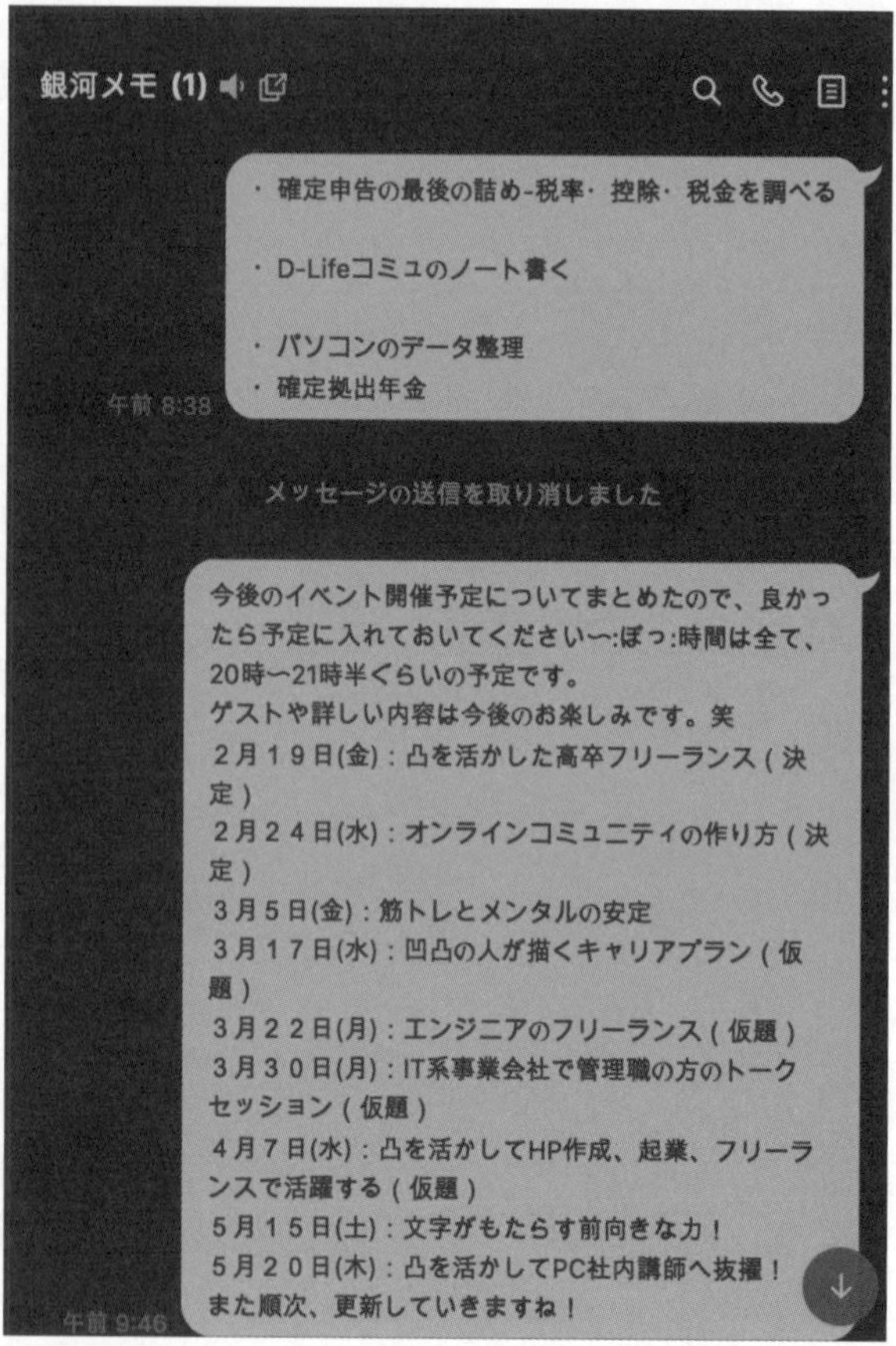

LINE は、アプリを開いて、メモして、送信ボタンを押すだけなので、手軽に ToDo リストとして活用できます。

コツ36

睡眠と休憩はもっとも大切な予定

過集中のストッパーをつくる

1日のタイムスケジュールを組むときに、もっとも優先して時間を押さえるべき予定ですが、それは「休憩」と「睡眠」です。

こだわりさんはルールや決まりごとを徹底するというこだわりを持つ人が多い一方で、「過集中」に陥ることが珍しくありません。一度過集中に入ると、10時間でも24時間でも、ノンストップで仕事を続ける恐れもあります。過集中は、瞬間的なハイパフォーマンスにつながるものの、一度集中が切れたあとの疲労感は、半端ではありません。当然、メンタルにも悪影響を及ぼします。元の状態に回復するまでには時間がかかるため、適度な休憩や睡眠なしの状態で過集中に入るのはおすすめできません。

だからこそ、きっちり「休憩」と「睡眠」を確保するのが重要なのです。なお、過集中の間は、過度な緊張状態に入っているので、寝ようと思っても、なかなかすぐに寝られません。そこでおすすめなのが、「自分の作業を強制終了できるルーティンをつくること」です。

私の場合は、入浴を過集中のON／OFFの切り替えイベントとして位置づけています。お風呂に入ったあとは、どんなに忙しくても仕事をしないで、時間通りにしっかり寝る。私が毎日7時間前後の睡眠を安定してとれているのは、スケジュールに書き込んでいる〝就寝〟が過集中に対するストッパーになってくれているからでもあります。

物忘れの激しい私も、現在いろいろなツールを試しながら、自分に合ったスケジュール管理術をカスタマイズ中です。強みと弱みは表裏一体。自分の個性には、どのツールが適しているのか。試行錯誤の先に、その答えはあります。まずはいろいろなものを、試してみましょう。

睡眠とともに、忘れてはならないのが「休憩」

コロナ禍でリモートワークが推進されたことで、自宅で働く時間が急激に増えました。仕事モードのON／OFFの切り替えのスイッチの役割を担う通勤というイベントが失われつつある今、自宅作業によって休憩がないまま過集中が続き、仕事モードから抜け出せずに苦しむＡＳＤのある方々からの相談が多くなっています。

過集中は脳内エネルギーを一気に放出するので、過集中の状態が切れたあと、極度の疲労に襲われます。その結果、ほかの仕事への切り替えができず、不都合が起こるのです。1回の労働で何百万円も稼げる人なら問題ありませんが、多くの人はそうはいきません。特に、会社勤めの方であれば、プロジェクトが終わるたびに瀕死の状態で会社を休んでいては、信頼を失ってしまいますし、会社にも迷惑をかけてしまいます。

コーチングの仕事では、求職者の方との面談や面接練習などをメインに行っていますが、ｎｏｔｅに記事を書いたり、ブログを書いたりもしています。つい、記事やブログを書くことに熱中してしまい、気づいたら夜中の3時や4時になってしまうこともありました。そして、次の日の面談は眠気を抑え、ヘロヘロになりながら面談をして、求職者から不信感を持たれてしまうケースもありました。そんな苦い経験を持つ私のようにスタート時点で方向性を誤ってしまうと、驚異的な集中が裏目に出てしまいます。また、休憩を意図的にはさむことは、仕事の方向性のチェックや軌道修正を図ることができるので、生産性の面から見ても価値があることだと思います。

15分の公園散歩で幸せな気分に浸る

一度過集中に突入すると、視野が次第に狭くなり、最終的に〝点〟になります。最初は映画館のスクリーン全体が視界にあったのに、いつのまにか中央部分に映っている主人公の顔、しかも鼻しか見えなくなっているようなもの。

このように周りのものが見えなくなってしまう状況を防ぎ、過集中の沼にどっぷりとハマらないために大切なのが、休憩です。作業と休憩を1セットにするのが基本です。例えば、90分間作業したら、15分間の休憩をはさみましょう。その休憩の時間も、先に挙げたスケジュール表に、しっかり書き込んで、あらかじめ時間を確保してください。

休憩中といっても、スマホをダラダラ見たりするのではなく、できれば体を動かすことをおすすめしています。体を動かすことで血流が良くなって、脳の負担を軽減し、ネガティブな気持ちを取り去ることができるからです。

腕を回す、片足上げ10秒、鉄棒に30秒ぶら下がるなども良いですが、ぜひ取り入れてほしいのは、近所にある公園の散歩です。緑を見ながら「紫陽花《あじさい》が咲いているな」「窓からだと暖かそうだったけど、風が思ったより冷たいな」などと周りに意識を向けるだけで、ポジティブな気分になれます。実際、15分ほどの公園散歩が、抗うつ薬1回分と同じ効果があるという研究結果もあるほどです。

過集中は諸刃の剣ですが、休憩をはさみ、上手に睡眠をとることでコントロールできるようになります。そして、ずば抜けた集中力の持続性を維持するには体力があってこそ。体をこまめに休めることで、その力が枯渇しないようにすることも肝心です。

コツ37

過集中での失敗は仕事に活かすチャンス⁉

発達障害の武器である「過集中」とどう向き合うか

過集中――。**「好きなことに極端に集中する」**という発達障害の特性のひとつを活かして、優秀な学業を修める人、会社を起業して成功を収める人、アーティストや芸術家として世間を驚かせる人たちがいます。その一方で、三日三晩ゲームをし続け、過集中が切れたあと、2、3日ほど動けなくなって自己嫌悪に陥ってしまう人もいます。

お金を生み出し、人の役に立つことはもちろん大切なことです。しかし、自分が時間を忘れて打ち込める趣味があることは、同じくらい尊ぶべきだと私は思っています。

自分が夢中になれる対象を犠牲にするのではなく、どうして熱中できているのかを見つけ、その要素を仕事に取り入れることで仕事へのモチベーションをつくっていくこともできます。

『ポケモン』から発見した自分の成長ポイント

私は以前、ゲームの『ポケットモンスター』シリーズが大好きで、テレビの前に何時間も座ってプレイし続けてしまうことが少なくありませんでした。これだけ没頭できるのですから、ポケモンにはほかのゲームにはない魅力というか魔力があるはずです。

〝どうして〟私がポケモンのゲームに惹きつけられているのかというと、推しのキャラクターのバンギラスが、バトルを通して経験値を積んでレベルアップすることで能力が開花していく姿を見るのが好きだからです。つまり、数字を積み重ねて成長していくことに私は、喜びや生きがいを感じているということでもあります。そこで、私は今や仕事の中枢のひとつとなっているＴｗｉｔｔｅｒのフォロワー数増やしを始めました。これが、やればやるほどのめり込むようにハマってしまい、現在では６０００人ものフォロワーがいてくださり、日々その数を増やしています。

私が、ポケモンでのレベル上げとフォロワー数を増やす行為をリンクさせたように、好きなもの、夢中になれるものがあるということは、自分のモチベーションアップの要素を探すチャンスでもあります。どうしてそれほどまでに夢中になるほど好きなのか。そう問うてみると、自分自身に対して意外な発見があるかもしれません。

コツ38

こだわり×見える化で集中力を高めよう

バスに乗り損ねる、グラフが読めない……

私たちは日常生活において、目から入ってくる情報から様々な思考や判断を繰り返し行っています。自宅から最寄り駅まで向かっている途中に、周囲の景色の変化を見て「駅まであと5分くらいかな」と思うこともあれば、話し相手が腕時計を何度もチラ見している姿から「急いでいるのかな」と相手の心中を察して話を切り上げてお別れすることもあります。こうした言葉に頼らず、視覚情報を処理する能力のことを「知覚統合」と言います。

こだわりさんは、この知覚統合が低い傾向にあります。なので、乗る予定だったバスが目の前に停まっているのに乗り損ねてしまう。携帯が目の前に置いてあるにもかかわらず探し続けてしまう。このように、生活に支障をきたしてしまう出来事がたびたび起きます。

仕事においても同様です。私自身もまさにそうなのですが、誤字脱字やケアレスミスが多く、地図や図表、グラフを読むのが苦手です。

また、「今7割くらい終わったな。あとは3割だな」と進捗状況を頭の中で把握するのが苦手なので、「今、仕事が何割終わったのか？」という〝現在地〟がわかりません。これでは、いくら仕事をしても、今の仕事が本当に成果につながるのかを実感しづらく、モチベーションの低下を招く恐れがあります。

こだわり×見える化

迷子になってしまい仕事へのやりがいを失う。こだわりさんがハマりやすい落とし穴を避けるために重要なのが、〝仕事の進捗を見える化〟することです。

私は、Googleカレンダーに「ツイート数／目標とするツイート数」の2つの数字を書き込んでいます。数字を可視化することで、〝達成率75％まで到達〟と、次に向けてのモチベーションにつなげられるのです。

最初から2つの数字を書いていたわけではありません。Twitterをスタートしたときは、5ツイートしたら「5」、10ツイートに達したら「10」というように、自分がコントロールできる数字であるツイート数のみを書いていました。

次のステップは、数字を意識せずにツイートすることが習慣化した段階で訪れます。ここで2つ目の数字である目標のツイート数を書き込み、視座を一段上げました。こうして現在地と目的地の距離を把握することで、どうすればそこに辿り着けるのか、という思考が生まれます。ロールプレイングゲームで、次のレベルアップまでの経験値を知って、どの敵をターゲットにするかを考えるのに似ています。

ほかにも、求職者や転職相談者の、これまでやってきた内容とこれからやるタスクなどをひと目見て把握できるようにシステム化しています。こうして数字や情報を〝見える化〟させることで、会社のメンバーとの情報の共有もスムーズになります。

私は整理することに強いこだわりがあるので、整理と数字を掛け合わせて見える化の仕組みを考えました。私と同じようにしてもいいですし、自分のこだわりに合わせて仕事を〝見える化〟してもいいと思います。

少し手間に感じるかもしれません。ですが、いったん構築してしまえば、とても便利ですし、モチベーションが劇的に高まるので集中力も増します。まさに、一挙両得です。

コツ39

「カラーバス効果」の利用法とは？

スケジュールに書き込むことの効果とは

完璧を目指すあまり及び腰になって何もしないより、ゼロスタートでもいいから見切り発車をして具体的に行動しながら検証を繰り返していく。そのほうが物事はスピーディーに、しかもうまくいくことが多いです。

前にもお伝えしましたが、多くのこだわりさんと同様に、会社員時代の私は、〝やりたいな〟〝できないな〟〝まあ、いいや〟のサイクルで、何をするのにも躊躇し、二の足を踏んでしまっていました。これでは、せっかく斬新なアイディアを思いついても実行まで至らず、宝の持ち腐れで終わってしまいます。実際のアクションにこそ、持ち前の集中力を投資すべきなのです。

「いや、そんなこと言われても何から手をつけていいのかわからない」という方もいるでしょう。でも、それでいいのです。言いすぎかもしれませんが、計画なんて持っていなくて構いません。やりたいことを思いついたら、すぐに1週間以内に1時間枠のスケジュールを組み込んでください。

私はコーチングを始めようと思ったとき、具体的な集客方法やビジネス案は持っていませんでしたが、とりあえず「コーチング」の枠を1時間、4日後のスケジュールに書き込みました。これくらいの緩さと勢いで構いません。しかしながら、この方法が最初からうまくいったわけではありません。4日後に書いたスケジュールも、当日になるとなぜかチャレンジするのが嫌で、4日延期したり、1週間後にしたり、そんなことを繰り返したこともあります。でも、それでもいいのです。大事なことは自分の頭の中にとどめておくこと。いつかできたらいいな、を必ず外に出して、そのいつか、を延期してもいいから、実現させるのです。そして、その実現の積み重ねが、スピーディーな行動につながっていくのです。

物忘れが多いのは、こだわりさんの特性のひとつなので、頭の中で「コーチングを始めよう」とインプットしたところで、はるか彼方《かなた》へすぐに飛んでいってしまいます。しかし、スケジュールに書き込むことで、脳の片隅に「コーチング開始」というラベルを貼ることができます。また、スケジュールを確認するたびに予定をチラ見することになるので、そこに意識を向ける回数も自然と増えます。すると、思考回路はそのタスクに向けて稼働し始めます。「ふとアイディアが浮かんできた」と思うのは、頭の片隅にタスクを植えつけているからなのです。

これは、心理現象の認知バイアスのひとつ「頻度錯誤」という脳の錯覚を活かしたやり方です。認知バイアスとは、東京大学薬学部教授で脳研究者の池谷裕二氏の言葉を借りると「脳が効率よく働こうとした結果、副次的に生じてしまったバグ」のことです。そして、頻度錯誤は、いったん気にし始めると、急にそれを頻繁に目にするようになる錯覚のことで、クリエイティブ系やアイディア系の本では「カラーバス効果」として説明されていることが多いです。例えば、この10分間に見た赤色のものを聞くと、ほとんどの人は答えることができませんが、赤色を意識して10分間行動してもらったあとに同じ質問をすると、赤色のものがポンポンと出てきます。「スケジュールに書き込むこと」「何度も目にすること」は、この効果を狙ったものです。

スケジュールに入れた時点で物事は加速度的に動き始める

もちろん、スケジュールに入れても何もできないことはあるでしょう。そうしたら、「どうしてそうなったのか」を考えてみましょう。勉強不足、知識不足、モチベーション不足などといった理由を考えている時点で、そのタスクに関してはスタートを切っていることになります。計画を立てずとも、スケジュールにタスクを放り込むだけで、状況は格段に変わるのです。

先の「コーチング」の件もそうですが、私は当初Ｔｗｉｔｔｅｒのフォロワーが１万人に達してからコミュニティを作ろうと考えていました。ですが、待ちきれずフォロワー２０００人の段階で動いてみたところ、それなりの人数が集まり、無事にコミュニティを運営できるようになりました。

攻略法があったわけではありません。扉の前で完璧な装備を調える前に、その扉を開け、新しい世界に足を踏み入れて試行錯誤していっただけです。集中力を活かすために計画を立てるのではなく、スケジュールを先に入れて取り組む時間を確保する。

これがマルチタスクを避け、ひとつの作業に集中できる環境をつくるコツなのです。

コツ40

効率化へのこだわり

99%の無駄を捨て、1%に注力する

こだわる――。人生を豊かにする〝こだわり〟もあれば、対人関係をこじらせてしまって生きづらさの源になっている〝こだわり〟もあります。

多くのＡＳＤのある人は、「社会性や対人関係の障害」や「コミュニケーションの障害」のほか、「強いこだわり・限られた興味」といった特性を持っています。そして、強いこだわりを持っているため、状況が少しでも違うとあたふたしてしまい、「柔軟性がない」「融通が利かない」と思われてしまうことも少なくありません。

こだわりを持つことを否定するつもりはありませんし、捨てる必要もありません。ただ、そのこだわりに意味があるのか。どうしてこだわるのか。一度、立ち止まって考えてみるだけで、無駄なことに時間を取られず意味のあることに集中できるようになるのです。

意味のあることをするために、価値や意味のないこだわりは捨てる。こだわるワケに自分の中で納得できたら、そのこだわりは持ち続けるというルールをつくってみてはどうでしょうか。

ただ、私は今でこそ偉そうなことを言っていますが、何も最初から〝効率化へのこだわり〟を持っていたわけではありません。

きっかけの訪れは今から約4年前のことです。職場環境になじめず、うつ病と発達障害の診断を受けた私は、6か月間休職しました。そのとき、偶然手にした一冊の本との出合いによって、〝こだわり〟に対する私の見方が変わっていったのです。

その本は『エッセンシャル思考』というタイトルで、自分にとって本当に大切な仕事や業務を見極め、またそれを実行する方法論について書かれていました。「人生の99％は無駄である。残り1％のやりたいことに情熱を注ぐべき」といった考え方に出合ったからこそ、私は自分のこだわりのほとんどがどうでもいいことだと気づくことができたのです。

効率化へのこだわり

「本棚の書籍の高さや並び順を自分ルールにする」「バスマットなどは四角をぴっちりと

整えないと気が済まない」といったものもそうですが、私にとってもっとも不必要だったこだわりは本書でもご紹介した無駄に長いメールです。

このように価値のあることに時間や情熱を注ごうという視点で、自分の作業を見直した結果、私が本当にしたい「発達障害に対する偏見をなくす」ことに時間を割けるようになっていきました。そして今、こうして本を書けるようにまでなっています。

自分を苦しめるこだわりを捨て、整理するだけで、かなりの無駄を省け、人生が生きやすくなるはずです。

コツ41

（注）本書のコツをすべて実践する必要はありません

出合ったライフハックを全部やる必要はない

突然ですが、質問です。

あなたが、本書も含めてライフハック本を手にするのは何冊目でしょうか？

この本を手にとって、ここまで読んでくださったあなたは、今の自分の現状に問題を感じ、解決したいという前向きな状態にあると思います。一方で、最近の世の中には、発達障害ライフハックが溢れています。それは、私たちにとってありがたいことではありますが、やるべきことが多すぎる状態が、実はあなたを苦しめているかもしれません。

こだわりさんは、ライフハックなどに一度ハマると、つい情報をたくさん集めすぎてしまう傾向にあります。そして、完璧主義ゆえに、全部をきっちりと実践しようとして「これをやらなければ」「あれをやらなくては」と、できない自分を責めてしまうのです。

私自身も、自分が発達障害だとわかったときは、ライフハック的なものに思いっきり頼ろうとしました。

例えば、「ビジネスはレスポンスが命！　メールやＬＩＮＥなどのメッセージには全部丁寧に即レスしよう」というビジネスハックを知ったときは、夜、寝る時間を削って、自分に来たメッセージに何千文字もの返信をするようにしていました。当然これはやりすぎで、結局、パンクして、寝込んでしまうという本末転倒な事態も……。

ライフハックに労力を注ぎすぎてしまうと、本当にやらなければならないことがおろそかになってしまいます。人間一人の時間も体力も、そして心のキャパシティにも限界があります。無理をする必要はありません。思い切って「やらないことを決める」ことで、情報が自分の中で精査され、より精度の高い行動に集中していけるはずです。

ゲームの中には、到達率が表示されるものもあります。設定されたすべての仲間を得て、アイテムを取り、すべてのイベントを見る「１００％クリア」。たしかに、１００％クリアができれば満足感は高いかもしれませんが、それにはたくさんの時間と労力がかかります。すべてのゲームで完全クリアを目指す必要はありません。ひとまず、ストーリーをクリアすることを目標にして、全部のアイテムを取らなくてもいいし、全部のイベントをこなす必要もありません。もし、「このゲームは自分に合わない」と思ったら、最後まで頑張ってクリアせず、やめたっていいのです。

やってみてやれることや、やってみて興味が持てることに全力で集中できるのは、私たちの強み。ぜひ、「これをやらねば」というスタンスではなく「これは自分の性格に合うからやってみよう」というライフハックだけを取り入れてください。

自己流にアレンジして取り入れる

そういう私も、ライフハックの本を読むのが好きです。でも、40個くらいのライフハックがあったとしても、実際に自分が取り入れるのは5~6個程度。それだけ取り入れるものがあれば、「その本を読んでよかった」と思うようにしています。

また、取り入れるときも、完璧にやり切るのではなく、自己流にアレンジして取り入れたり、部分的にやってみたりすることも多いです。すべてを完璧にしようと頑張るあまり、あなたがつぶれてしまっては元も子もありません。自分のしたいこと、得意なことを見極めて、「やらない」ことを決めれば、本当に大切だと思える対象に労力や時間を割くことができるようになります。自分が興味を持って、できること、したいこと、続けられること。それが一番大切です。スペシャリストは全部できる必要はありません。あなたはあなた自身を信じて、自分の才能を発揮していってほしいと思っています。

第5章

仲間がいれば こだわりさんの強みは 無限大に

コツ42

人間は感情で行動する生き物だと理解する

合理性で人は動かない

こだわりさんが持つ特性には、本人も気づかないほどの可能性が埋もれていることがあります。**特に、発想力や過集中、多動力などは、こだわりさんが持つ大きな力です。これらの力を発動させるために一番大切なこと。それは、周りの人の理解です。**なぜかというと、今の日本の会社が求める人材は、ミスが少なくて汎用性の高いジェネラリストで、いかに得意なことがあっても、苦手なことを改善するように求められる環境では、こだわりさんの個性を伸ばすことは難しいです。**しかし、激しい個性の凹凸を持つこだわりさんは、多少のミスを許され、スペシャリストとして自分を受け入れてくれる環境でこそ、力が発揮されます。**

「この人はちょっとコミュニケーションが苦手だけど、この仕事をやらせたらものすごい成果を上げてくれる。だからこの仕事を任せて、ほかのところは許してあげよう」

こんなふうに、発達障害の特性を理解してもらえる環境でこそ、私たちの力は発揮されるのです。しかし、この本でも再三述べてきましたが、私たちＡＳＤやＡＤＨＤのある人は「空気が読めない」「自分勝手」だと思われがちなため、周囲から理解されず、仲間を増やすことは簡単ではありません。発達障害の人が周囲の人々から理解を得られない最大の理由のひとつは、「論理性・合理性に沿って行動しがち」だからだと思います。

ここで、大きなマインドセットの変更をしてほしいと思います。論理性や合理性は大切なものです。ですが、発達障害でない人たちは、多くの場合「感情」で行動を決めるのだと、心に刻んでいただきたいのです。

多くの人は、いくらあなたが正しいことを言っていても、あなたのことを「好きだ」「手伝いたい」と思ってくれない限りは、誰も手を差し伸べてくれません。しかし、反対に、論理的に理解されなくても感情が伴ったときには「あの人がしようとしていることは自分にはあまり理解ができないが、ぜひ手伝いたい。その結果を一緒に見てみたい」と思ってもらえるのです。

もちろん、「この人を手伝いたい」という感情に加えて、「この人の言うことには正当性がある」という論理性が伴えば、それはもう「最強」で、大きな行動原理になります。

つまり、普段から「あの人を手伝いたい」「あの人を助けたい」と思ってもらえるような存在になる、そのように意識して人間関係を築いていくことが、私たちこだわりさんの成功への近道なのです。

「機嫌が良さそうに見える」表情をトレーニングする！

こだわりさんは、自分が楽しいと思うことにどこまでも集中してのめり込むことができるパワーを持っています。**しかし、その「楽しい」「うれしい」という感情は周囲には思ったより伝わっていないことも多く、「冷たい人」「あまり感情が動かない人だなぁ」と思われてしまうのです。でも、実は、そのポジティブな感情を周りに伝えることで、周囲は好意的にあなたのやっていることに注目し、協力してくれる人も自然と集まってきます。**

周囲にあなたのポジティブな感情を伝えるもっとも効果的な方法のひとつが「表情」。

例えば、あなたの周りで、本を読みながら楽しそうな表情をしている人を見かけたら、「何を読んでいるんだろう」と気になりませんか？　楽しそうに何かやっている人を見つけたら「何をやっているんだろう？」と知りたくなり、一緒にやりたいという感情が生まれることは、ごくごく自然なことなのです。

　では、どんな表情をつくればいいのでしょうか。私が目指すのは、「機嫌が良さそうな人」です。いつもニコニコしていて機嫌が良さそうな人は、なぜか楽しそうに見えるし、いろいろな人も相談ごとを持ち込みやすくなります。実際に自分の機嫌が良いかどうかはともかくとして、少なくとも表情さえ変えれば、「機嫌が良さそう」な雰囲気はつくることができます。だからこそ、意外と表情って大事なものなのです。

　また、自分自身は表情豊かにできているつもりでも、こだわりさんは顔の表情が動きにくく、動じない雰囲気があるように見られがちです。

　そこで、私は以下のような練習をすることで、「機嫌が良さそうに見える表情」を習得しました。

1．生き生きとした「目」をつくるトレーニング

　目を軽く閉じて、パッと見開く。顔面全体ではなく、目の周囲だけを使うイメージです。おでこに、シワができないよう、瞼《まぶた》だけを動かすように意識するのがポイントです。

2. 口角を意識して上げるトレーニング

人は口角が下がっていると不機嫌そうに見えるし、口角が上がっていると機嫌が良さそうに見えます。集中しているときにムッとして見える表情になってしまう人ほど、意識的に口角を上げるトレーニングを行いましょう。これを少しでも意識できると、周囲の見方も変わってくるのではないかと思います。

「相手が笑ってほしそうなとき」を見極める

微笑みを浮かべること、よく笑うことはコミュニケーションを円滑にします。しかし、こだわりさんと話をしていると、「いつ笑ってよいのかわからない」「なんで周囲がこの話題で笑っているのかわからない」という言葉をよく耳にします。

周囲の人のように空気を読むのが苦手だからこそ、笑うタイミングもわからない。そんなこだわりさんが多いように思えます。正直、私自身も、これについてはかなり悩みました。常に笑っておけばいいというものでもないし、少しでも笑うタイミングがずれれば「なんで笑っているの?」と冷たい目で見られる。本当に難関です。

そこで、私の場合はどうしているか……というと、徹底的に「相手が笑ってほしそうなとき」に、一緒に笑うことを心がけました。

「どういうときに相手が笑ってほしがっているのか」を見極めるのは難しいと思うかもしれません。ポイントは、話している人の口角が上がって、笑い始めたときです。

話の内容が本気でおもしろいと自分では思っていなくても、とりあえず「笑おうとすること」は相手に対する共感の表現になります。余計なことは言わず、笑うだけでＯＫです。大声を出して笑う必要はなく、ただ、微笑みをひとつ返すだけでも構いません。とにかく表情が固まってしまいがちなこだわりさんだからこそ、相手と同じような表情をすることを心がけるだけでも、お互いの歩み寄りの道が見えてくるのではないかと思います。

相手の顔をじっくり見るのは絶対ＮＧ

コミュニケーションにおいて、アイコンタクトが重要だと言われることは多いです。しかし、ＡＳＤのある方がやりがちな誤解を生みやすい仕草のひとつに、「相手の顔をじっと見すぎる」というものがあります。ＡＳＤのある人は雰囲気で空気が読めないため、相手の表情を観察することに忙しくなってしまい、思わず相手を「ガン見」してしまうことが多いためです。観察モードになると、ＡＳＤの人はじっと相手を凝視してしまうので、気がつくと「なんであの人、こんなにじっと見つめてくるの？」「怖い」と相手が引いてしまうということがあります。

私の場合も、注意深く相手の表情を見てはいるのですが、「怖い」と言われないように、目線は2～3秒に一度は必ず動かすことを心がけています。「目が合った」→「数秒で離す」、最初は自分をよく知る友人などと話してみて、「対面していて違和感を抱いたところはないか」などの意見をもらってみるのもよいかもしれません。

コツ43

「雑談は無駄」という考えが無駄！

無駄と思える雑談は超重要だった

人間の会話のうち、70％以上は意味のない雑談である。

そう私は考えています。しかし、この一見すると意味のない70％以上の部分が、人間関係を育て、お互いの理解を深め、そして信頼を築くために必要不可欠なものだということを、私は職場で多くの人から嫌われる経験を経て、初めて思い知りました。

ＡＳＤのある人は、世間話が苦手な人が多いと思います。冒頭でも紹介したように、自分が無意味だと考えることに時間を使うことを嫌がるＡＳＤのある人にとって、世間話は無駄な行為に思われるからです。

私自身、世間話は「なんのためにこんな話をしているんだろう？」と徒労感しか抱けず、とても苦手でした。だから、同僚たちが雑談をしていても交わらず、一人で黙々と仕事をしていました。気がつけば、雑談を交わしていた同僚たちは仲良くなっており、私は一人で孤立して、誰からも助けてもらえない……という地獄のような構図が生まれていました。

その後、うつ病で休職したとき、「社内でどうして自分が孤立してしまったのか」を何度も考えました。そして、思い当たったのが、「自分は同僚との雑談に参加していなかった」という事実です。ほかの同僚たちは、雑談を通じて、お互いの好みや考え方、仕事に対する姿勢など、様々な情報をやりとりしていたので、仲が深まっていくのは当然です。心理学でも接触回数が多い相手に、人は好感を抱くと言われていますが、まさにその通り。そんななか、私は一人、雑談を通じた仲間意識を築くことを放棄していたのだ……といまさらながら気づいたのです。

人は機械と仕事をするわけではありません。お互いが人間で、感情がある生き物だと認識するための儀式が、無駄話であり、世間話です。だからこそ、雑談はコミュニケーションにおいて、すごく重要なことだったのです。一般の人にとっては当たり前すぎてわかりきった話かもしれませんが、私にとっては衝撃でした。以来、練習を重ねることで雑談や世間話には積極的に参加し、円滑に雑談や世間話ができる能力を身につけようと努力しました。

いまだに世間話が得意なほうだとは言えませんが、周囲の人から孤立せず、多少の仲間意識を持ってもらえるレベルにはなれたのではないかと思っています。そこで、私が普段どういうポイントを意識して、「人並みの世間話」を目指しているのかをご紹介していきます。

世間話への返答は、相手の投げかけに対する連想ゲーム

雑談はパターン化してしまえば、ＡＳＤ傾向が強い人でも習得しやすいスキルです。

初回は相手の趣味嗜好を聞き出し、二回目以降はそれに関連した話をどんどん広げる……など、パターンを見つけてしまえばいくらでも応用が利きます。

例えば、「今日はいい天気ですね」と、仕事相手が一言目にこう言ってきたら、あなたはどう返しますか？

「仕事に関係ないことだな」と思って、スルーしてしまうのはもっともＮＧ。まずは「そうですね」と、相手への肯定的な返事をすることから始めてください。しかし、「そうですね」だけで終わってしまったら、世間話が成立したとは言えません。

慣れないうちは、「今日はいい天気ですね」と言われたら、「はい。今日はいい天気です

ね」と、相手の言ったことをそのままオウム返しして肯定するだけでも良いです。しかし、慣れてきたら、それにプラスして、自分のなるべくポジティブな感情を織り交ぜると良いでしょう。

世間話を成立させるポイントは、連想ゲームです。第2章でも空気を読むコツとして、連想ゲームの例えを出しましたが、相手が投げかけてきた言葉に対して、連想して出てくる言葉を返すことが世間話の上手な続け方のひとつです。こだわりさんは、つい突拍子《とっぴょうし》もない言葉を言ってしまいがちなのですが、1ステップの連想ゲームだと思えば、無難ではあるものの話自体は続けられます。

例えば、「今日はいい天気ですね」に対して返事をするとしたら、「天気がいいときには何がしたくなるかな?」「天気がいいと何が起こるかな?」などと連想ゲームをしてみてください。そうすることで、「どこかに出かけたくなりますね」「そろそろ桜が咲きそうですね」「日差しが強くて日焼けしそうですね」など、返答のパターンが生まれてきます。その中で、相手がした話が広がりそうなパターンを考えられるとベストでしょう。

〈肯定だけするダメな例〉

相手「今日はいい天気ですね」
自分「そうですね」
相手「……」

〈肯定＋連想ゲームによる成功例①〉
相手「今日はいい天気ですね」
自分「そうですね、どこかに出かけたくなりますね」
相手「そういえば先日、こういうところに出かけたんですが……」

〈肯定＋連想ゲームによる成功例②〉
相手「今日はいい天気ですね」
自分「そうですね、そろそろ桜も咲く季節ですね」
相手「お花見シーズンですね。そういえば、このあたりは桜が有名で、春先はすごくきれいなんです……」

自分から雑談を始めるときは「当たり障《さわ》りのない話題」

基本的に雑談は「相手の話に乗る」のがおすすめですが、場数を踏んでいくと、自分から話題を振る機会も多くなっていくでしょう。その場合には「当たり障《さわ》りのない話題」が喜ばれます。しかし「当たり障りのない話題」と言われても、私には何のことだか全然わからず、私自身も雑談を自分から振ることが以前はとても苦手でした。今でも「得意である」とは言えませんが、人は好きなことを話すと饒舌《じょうぜつ》になります。だから、相手の好きなことや趣味の話をするようにしています。

しかし、困るのが、相手の趣味や好みがわからないとき。そんなときは、「自分の趣味はサッカーですが、どんなご趣味がありますか?」「私は週末サイクリングをしていたんですが、何をされていましたか?」などと、自分のことにからめて、相手の好きなものや趣味の話を引き出すようにしています。

【相手の趣味や好きなものがわからないとき】
・私は週末にサッカーをしていたのですが、○○さんはどうやって過ごしましたか?
・私はアフター5に映画を観にいくことにハマっているのですが、○○さんは何をされますか？

そして、相手の好みがわかってきたら、自分の実体験に交えた話題に切り替えます。

【例文：スポーツが趣味である人の場合】
・先日テレビでテニスの試合を見たんですが、ご覧になっていましたか？
・この前、テニスの世界選手権がありましたが、どの選手が好きですか？

【例文：お酒が好きな人の場合】
・最近、酒盗を買ってみたんですが、召し上がったことはありますか？
・私は辛口のお酒が好きなのですが、いつもどんなものを飲まれるんですか？

この際、自分語りをたくさんする必要はありません。あくまでも相手の話を引き出すためのフックとしてとらえましょう。相手の興味関心をそそることで、相手の話を引き出すことができるワードを出すことができれば最高です。

「おもしろくしよう」「よく思われよう」とする必要はない

これまで挙げてきた雑談の例を見て、どう思われたでしょうか？　正直、普通で無難なものばかりだと思います。私もそう思います。しかし、世間話はあくまで世間話です。おもしろくある必要がないと割り切りましょう。また、相手に必要以上に良く思われようとする必要もありません。世間話はあなたを「敵ではなく味方だ」「機械ではなく、血の通った人間だ」と思ってもらうための手段にすぎません。そう思ってもらうことができたら、世間話をする目的は十分に完遂できています。

はっきり言えば、相手とは「薄い関係性」を保つだけで良いのです。なにも芸人さんのようにおもしろいことを言う必要はないし、政治家のように相手の心に残るすばらしい話をする必要もありません。「薄いけど、好感を持たれている」という関係性さえつくっておけば、役に立ちます。例えば、ロールプレイングゲームで、一見なんの変哲もない村人に話しかけることで重要なヒントを得て、いわゆる「フラグ」が立って先に進めるようになることがあります。現実でもそれは起こります。一見、無駄に思える雑談や世間話から、「この人ってこういうことが好きなんだ」「仕事とは関係ないけどこういうことが得意なんだ」という情報を得て、何かにつながることがあります。

散々繰り返しましたが、こだわりさんは情報と情報をうまく組み合わせて化学反応を起こすのが得意です。雑談はまさにその「情報」を得るための手段にほかなりません。情報を得るだけではなく、自分の可能性を広げる機会……と考えれば、「無駄話」なんてものはひとつもないわけです。自分の得意なパターンを見つけてしまえば、めんどうくさい人間関係への苦手意識も薄れていくのではないでしょうか。

コツ44

「人に頼る＝できない人」は大間違い

「一人でやる」とキャパを超えるのは当然のこと

本書では、再三、「人に頼ること」の重要性についてお伝えしてきました。ＡＳＤのある人は、「コミュ力」が高くないことが多いため、人に頼れない、頼りたくないという傾向が強いです。ですが、改めて人に頼ることの大切さを主張したいと思います。一人ではできないことも、二人なら、三人なら……たくさんの人が集まればできることもある。あなたの壮大な計画を実現させるためには、頼ることを覚えることも必要不可欠です。

人に頼ることが良い理由は、シンプルに「一人でやることには限界があるから」です。

私も昔は、「人に頼る＝弱い人・できない人」というイメージが強く、一人でなんでもやりきろうとしていました。そう、プライドが高かったのです。正直、会社員時代は「すべて自分一人でできる」と思い込んでいました。

しかし、自分たちで会社を立ち上げたときに、何度となくキャパオーバーになって、数日間ベッドから起き上がれない日もしばしば……。「一人ですべてをやろうとするのは無理だ！」と確信したのです。それから次第に、「自分にできないことを、人に任せる」ということを学んでいったように思います。

今、会社組織にいる人は、自分が一人で仕事をやっているつもりになっている人も多いかもしれません。でも実は、知らないところで人は人に頼っているものです。きれいごとに聞こえるかもしれませんが、事務手続きや、一見仕事に関係ないことでも、誰かが「やってくれていること」なのです。以前は、「人に頼る＝できない人」と思っていた私ですが、観察を続けた末、あるとき「仕事ができる人ほど、人に頼るのが上手である」と気がつきました。

頼り方のコツは「あなただから」とお願いする

では、どうやったら人に頼ることができるのか。私自身が、人にお願いごとをするときに心がけているのは、とにかく下手《したて》に出て、「これをやってほしい理由」を伝えてお願いすること。また、お願いする内容が、一見簡単に見えたとしても、「それをやってもらえることで、どれだけの効果が得られるのか」を強く訴えるようにしています。

なお、ここで重要なのが、コツ43でお伝えした雑談や世間話で、薄いながらも好感を抱かれる関係性を構築していること。これさえできていれば、下地ができているので、相手に頼りやすくなります。頼み方さえ間違っていなければ、引き受けてもらえる可能性はグンと上がります。

そして、簡単な内容であっても、仮に相手が時間を割いてお願いに応えてくれたならば、過剰なほどに感謝の気持ちを伝えるようにしましょう。

もしも、相手に頼ったのに断られた場合は、「無理だから断る」パターンと、単純に「嫌だから断る」というパターンがあると思います。

手伝いたい気持ちはあるがリソースやキャパシティ、能力の問題で断ってきた人は、「こういうことなら手伝える」と代替案を出してくれることが多いです。逆に、それが出てこない場合は、少なくとも今は頼みごとをされたくない状態であると判断しましょう。

頼られたときは、基本は「二つ返事」で受け入れよう

人に上手に頼る人ほど、人に頼られる人でもあります。もしも、自分が他人から頼られ

た場合は、基本的には「二つ返事」でＯＫを。こだわりさんは、あれやこれやと条件を考えて、受けていいか悩んでしまいがちなため、何かを頼まれたとき、最初の返事の歯切れが悪くなってしまう傾向があります。しかし、頼むほうは、悩んでいるからこそ、頼んでいるので、歯切れの悪い返答は一番対応に困ります。できる限り、最初に気持ち良く「○○さんの頼みなら大丈夫です！」とＯＫして、相手に「自分は仲間である」ということを伝えましょう。その後、細かな状況を聞いてみて、どうしても自分の手にあまりそうな頼みごとだった場合は、「ここまでならできます！」と自分から代替案を出しましょう。そして、一部でもいいから頼みごとを受けると印象が良くなります。

大切なのは、「最初に、とにかく二つ返事でＯＫして、相手に協力する気持ちがあることを示すこと」なのです。あとのことは、なんとでもなります。

コツ45

「こだわり」を出すのは周りに受け入れられてから

新しい環境で最初にすべきことは、新しいルールを仕入れること

こだわりさんは、「自分ルール」を優先しがちな傾向があります。オリジナルのルールをゼロからつくり上げるというのは、すばらしい才能でもあるのですが、どんな職場にも、「暗黙のルール」のようなものが必ず存在します。

こだわりさんの自分ルールは、こういったルールと大きく異なる場合が多く、それに気づかず振る舞ってしまうと、「ルールを守らないやつ」として認識されてしまうことも。この「ルールを守らないやつ」認定とは非常に恐ろしいもので、場合によっては村八分にされかねません。

新しい集団に参加するとき、いかに自分ルールを貫きたいと思っても、その気持ちを抑え、「その場所のルール」を、最初に見極めるようにしてください。

では、どうすれば、その場所のルールを見極めることができるのでしょうか？　初めて新しい環境に入ったときは、だいたいお世話係のような人がつくことが多いので、その人に根掘り葉掘り聞いてみるのが得策です。プライドや恥ずかしさなどはかなぐり捨てて、ガンガン質問していきましょう。

それから、私自身が実践するのは、周りの人の「基準」を観察すること。例えば、資料のまとめに使うアプリケーションや、フォーマット、ＷＥＢ会議で使うツール、敬称のつけ方など……。その環境のルールによっては、「なんでこれを使っているの？」「なんでこんな無駄なルールがあるの？」と思うような、非効率、非合理なものもあるかもしれません。しかし、それには「〇〇部長がこのやり方を提案して以降、この方法が導入されている」「この業界では、このアプリを使うのが当たり前」といった正当性があることのほうが多いです。いかに自分にとっては非合理に見えたとしても、最初から「おかしい」と指摘するのではなく、我慢をしてでも、まず合わせようとしてみてください。新しいルールに合わせる期間は、少なくとも最初の３か月は必要です。

ロールプレイングゲームの戦闘シーンを思い浮かべてください。まだ、何のルールやスキルもないうちから、１ターンに２回攻撃したり、呪文を唱えたりすることはできません。

まずは戦闘がどういうシステムで行われるのか、どういう処理がされる戦闘なのかを見極め、その戦闘に慣れてから、全力を出して戦うべきです。

環境に合わせられるようになってから、自分を出していく

もし、その環境のルールに従って動いている間に「もっと良い方法があるのにな……」「これを使ったらいいのに」などと気づいたとしても、まずは自分の中にとどめるようにしてください。仮にせっかく良いアイディアを持ち、大声で主張しても、なじんでいないよそ者扱いでは、聞く耳も持ってもらえないからです。場合によっては、「こいつは危険なやつだ」とつぶされてしまうこともあるでしょう。

私も会社員時代は、会社のルールを把握しないまま、空気を読まずにルールの改善案を出しては、周囲の人々の反感を買うことが多々ありました。現在はどんなところで仕事をするにしても、まずはその環境のルールを把握してから行動します。結果、味方が増えるようになったのです。

逆に言えば、相手のルールを優先するように行動すれば、仲間が増えていきます。「この人は仲間である」という認定をもらったあとに、自分のこだわりを徐々に出して、周囲

に受け入れられながら、良い形で目立っていきましょう。

コツ46

褒める技術で人間関係を強化しよう

褒めているつもりが、偉そうになっているかも?

あなたは、最近誰かを褒めた記憶はあるでしょうか?

人を褒めるところが見つかったときは、人間関係強化のチャンスです。なぜなら、人と協力をしていく上では「褒める技術」を持っているかどうかで結果が大きく変わるからです。周囲の人々がやってくれたことをきちんと〝褒める〟ことで士気も上がり、みんなとより強力な協力体制が築けるようになるわけです。

しかし、発達障害、特にASDのある人は他人を褒めることが苦手な人が多いように思います。より厳密に言うと、「本人は褒めているつもりでも、言われた人からすれば褒めているように聞こえない」という事態が起こりやすいのです。ASDの人は、感情に訴えかけるのが苦手ですし、話をするときは非常に淡々と物事を伝えがちです。だから、褒め

るときも、

「〇〇さんはここが強みで、ここが優れている。だからすごいと思います」

などと、客観的・論理的な感想を伝えた褒め方になりやすいのです。事実としては間違っていないとしても、まるで通信簿に書かれるような言われ方をすれば、多くの人には「褒めているように聞こえない」のです。いくら自分は褒めているつもりでも、どこか偉そうだなと思われたり、上から目線だなと思われたりして反感を買ってしまうことも。これでは褒めたつもりでも、相手にとっても自分にとってもプラスにはなりません。

まずは「感情」「感謝」を押し出していく

理由を論理的に言うだけでは、褒めたことにはなりません。では、どんな点に注意すれば、「褒めてもらった」と相手に思ってもらえるのでしょうか。そこで、まず押し出すべきは「感情」と「感謝」です。もっと言えば、細かい分析よりも「ヤバい！」「いいね！」などの短くてシンプルな言葉をガンガン繰り出すほうが効果的です。

そこで、次からは私がよく使っている「褒めことば」を、シチュエーション別にご紹介していきます。

●後輩や同期にはくだけた言い方で褒める

自分の身近な相手に対しては、短いキーワードをテンポよく、前向きで明るいテンションで伝えることを心がけましょう。明るいテンションで接することで、まずは自分のポジティブな感情が相手に伝播《でんぱ》していくのです。同時にやってくれたことに対する感謝の気持ちを表すことで、相手に気持ちがより伝わるでしょう。


【例文】

「それめちゃくちゃいいね!!!」

「すごくうれしい！　ありがとう！」

「ヤバいね‼」

●目上の人には「勉強になります」がベース

目上の人に対しては、具体的に分析して「褒める」というスタンスを取ると、「なんでそんなに上から目線なのだ」と怒られる可能性もあります。それゆえ、目上の人を褒めるときは、「とても勉強になります！」というスタンスが基本です。相手の良いところを見つけて褒めると、もっと良い知識を教えてくれるきっかけになるかもしれません。また、どんな相手でも、自分の時間と労力を割いてくれたことに関する感謝を忘れずに。

【例文】
「勉強になります！　そのやり方で、今度私も挑戦してみます！」
「私にはそこまで考えが及びませんでした。さすがです、勉強になります！　ありがとうございます！」

あなたが褒めたい相手は、あなたにとって大きな力になってくれる仲間です。褒めポイントを見つけられることは、それぞれの人が持つ得意分野を把握し、効果的にいっしょに動けるようになるということです。

あなたしかできないこと、あの人にしかできないことを、全力でそれぞれがやる。そうすると力は何倍にも膨れ上がっていきます。周囲の人と褒め合うことのできる関係性を育てて、より強い協力体制を築いていきましょう。

コツ47 誰かが困ったときは、得意スキルを披露する絶好のチャンス！

助けてもらえるチケットを得る

近くにいる人がいつもより忙しそうにしていたら……。そんなとき、私はできるだけ「何か手伝いましょうか?」「何かできることはないですか?」と声をかけるようにしています。

ＡＳＤのある人は、短期的な損得で状況判断してしまう人が多いので、仮に誰かに頼られても、「忙しくて、他人を助けている暇なんてない」「自分のことで手一杯で、人に頼られても何もできない」と断ってしまいがちです。しかし、その行動は早計です。なぜなら、誰かを助けることは、自分自身が助けてもらう機会を増やすチャンスでもあるからです。だからこそ、人を手助けできる機会があれば、率先して手を貸しましょう。特に、自分の得意なことであれば、時間も手間もさほどかからないはずなので、自分にも余裕がなかったとしても、助けてあげることが大切です。未来のあなたがピンチに陥ったときに必ず助けてもらえるチケットを得るつもりで、人のピンチを救ってください。

普段は発揮できていない自分のスキルを見せるチャンス

自分の得意なことで、周囲の人の窮地《きゅうち》を救うことは、「自分のスキルを周囲に披露する大きなチャンス」でもあります。日頃は、自分のしたいことにのめり込むあまり、周囲が見えなくなって、周囲から「あの人いつも何をやっているのかな」「何か得意なことはあるんだろうか」などと思われがちなこだわりさんにとって、他人を助けることは、自分の隠れたる技能や能力に気づいてもらえる絶好の機会なのです。

自分の得意ジャンルや得意なスキルを用いて、他人を助けることで、「この人、こういうことができるんだ！」と知ってもらえる。その結果、より自分のスキルが活きる仕事が任される可能性だってあります。

さらに、自分の得意なことを手伝うことで経験値を重ねれば、あなたのスキルや実績はさらに磨かれます。自分の得意なことで誰かを手助けすることで、「何かあったときに頼れる関係性をつくれる」「自分のスキルをアピールするチャンス」「スキルアップ」といくつものリターンが返ってきます。普通に仕事をするときに比べて、2倍も3倍も得るものがあるのです。

忙しそうなサインを見つけたら、率先して手助けを

とはいえ、私たちこだわりさんは、とにかく自分のことに集中しがちです。そのため、周囲の人のヘルプサインを見過ごしてしまうこともしばしば起こりえます。

空気を読むのはもとから得意ではありませんし、言われないとわからないという人もいるでしょう。ですが、人はつらいときに「つらい」と言わない、言う余裕すらない人が多いのです。「大変だな〜」と言っている人に対しても、「そうなんですね」と言って流してしまう人もいるかもしれません。

だからこそ、実際に口で「助けてくれる?」「手伝ってもらえる?」と言われる前に、相手のヘルプサインを察知して、自分の得意なことでサポートするように意識を変えましょう。こだわりさんは、察するのが苦手です。だからこそ、相手がいつもと違うネガティブなサインを出しているときは、とにかく「大丈夫ですか?」「手伝おうか?」と一声かけてみましょう。

では、どんな兆候が、相手のヘルプサインになるのでしょうか？　私が普段気にするようにしているのは、次のものです。

〈周囲の出しているヘルプサイン〉
- **いつもよりも忙しそうにしている**
- **見るからにせわしなくて、バタバタと移動している**
- **普段よりイライラしている**
- **眉間にしわが寄っている**
- **つらそうにしている**
- **ため息がいつもよりも多い**
- **「忙しいなあ」「大変だな」など、ネガティブな独り言を言っている**
- **お茶休憩やたばこ休憩などがいつもよりも少ない**

こうしたサインを察知した上で、相手の話を聞いてみて、自分が得意なことだったら率先して手伝ってあげればいいわけです。もし自分が不得手なことであるならば「得意そうな人を連れてくる」という手助けの方法もあります。仮に、相手のお題が自分にとって苦手なことだとしても、自分でやろうとしなくて良いのです。

大切なのは、手を差し伸べることです。相手に手助けを申し込んだ末に「大丈夫だから、気にしないで」と言われたとしてもOKです。仮に断られたとしても、少なくとも、「この人は自分を手伝ってくれる気持ちがあるんだな」「思っていたよりも良い人なんだな」と思わせることはできます。だから、手助けを申し出ないよりは、ずっとプラスです。

とにかく人を助けることで、自分の道は開かれます。「情けは人のためならず」という言葉がありますが、まさに、自分のために人に情けをかけられる人になることを目指しましょう。

コツ48

不得意だと言える勇気を持とう

不得意を「把握し」「受け入れてもらう」

プライドが高い人ほど、「自分にはこれができない」と誰かに伝えることは、敗北宣言のように思うかもしれません。でも、不得意なことは誰にでもあって当たり前。得意なことだけではなく、自分の不得意なことも周囲と分かち合うことで、集団の力をより効果的に発揮することができます。仲間ができたならば、さらに一歩進んで自分の「弱点」も相手に知ってもらいましょう。

例えば、私の場合、人よりも極度に「忘れっぽい」という自覚があります。頼まれた仕事も片っ端から忘れてしまうので、抜け漏れが多いです。注意力が低いのか、誤字脱字も非常に多いので、それについて怒られてきたことは本書でもすでに触れた通りです。

現在でも、私が社会人としてやっていけるのは、周囲の人たちに、様々な自分のマイナス面を伝えてきたからだと思います。それも、具体的に。例えば、「空気が読めない」というざっくりしたニュアンスではなく、「曖昧《あいまい》な指示の理解が苦手だ」と細かく伝えます。自分の不得意なことを周囲が理解してくれれば、周囲も受け入れる態勢をつくることができます。

結果、私を忘れっぽい人だと理解してからは、周囲の人々が、私に対して作業について細かくリマインドをしたり、ダブルチェックを入れたりと注意してくれるようになりました。また、私の側からも、今日必ずやるべきＴｏＤｏリストを事前に周囲の人に送って、作業の進行状況をリマインドしてもらうなど、カバーをお願いできる体制を整えていきました。

大切なのは「苦手だけど頑張る姿勢」

自分が不得意なことの伝え方としては、「自分はＡＳＤだからこれができません」などと開き直るのではなく、「これが苦手だけど、頑張ります。でも、不安もあるので、サポートをお願いします」という姿勢をもって行動することが大切です。いかに自分の弱点を伝えていて、受け入れ態勢が整っていたとしても、それでもミスをすることはあります。

実際にそこでミスがあった場合は、「私は不得意だと、事前にお伝えしていたじゃないですか」などと開き直るのではなく、「私の悪いところが出てしまいました、申し訳ございません！」など、きちんと謝ることが大切です。

周囲から自分の弱点を受け入れてもらう、というのは簡単なことではありません。「受け入れてください」という姿勢を、自分からとるのは傲慢《ごうまん》ととらえられてしまいます。障害というどうしようもないものですが、現在の社会の認識はそうなのです。まずは、自分の不得意なことを「把握してもらう」のが大切だと考えておきましょう。

しかし不得意なことを伝えても、受け入れられないことはもちろんあります。「不得意なことをアピールして、こいつは甘えている」と解釈されてしまったら、悪いスパイラルに陥ってしまうこともあります。また、仮に不得意なことを把握してもらったとしても、周囲からは「なんであの人ばかり許されるのか」と不満に思われることもあるかもしれません。なので、不得意なことがある分、得意なことに関しては積極的に引き受けることで、カバーしましょう。

不得意なことを受け入れてもらい、得意なことで周囲から頼られるような存在になる。そうすれば、徐々に不得意なことを周囲に渡せるような状況にもなるでしょう。

不得意を得意でカバーし、周囲と「持ちつ持たれつ」の関係を築くことができれば、怖いものなしです。

発達障害は、ひとつの特別な才能です。苦手なことも多いけれども、人並み以上に得意なことも多い。その能力を発揮し、周囲との協力体制を築けるような環境に身を置ける日が来るように、私は心から応援しています。

コツ49

お金にうるさい人とは距離を置く

大きなお金を払うときは、2～3人に相談を

お金の話は得意でしょうか。お金の話になるとその人の本性が出るとはよく言いますが、私たちこだわりさんは意外とお金に無頓着《むとんちゃく》で、実は騙《だま》されやすい一面のある人が多いです……。

私もはっきり言って、騙されやすいです。知人の誘いについていったら、いわゆるマルチ商法の勧誘であったこともありますし、怪しげな情報商材に引っかかりそうになったこともありました。

それは、相手の言うことを基本的に信じるからにほかならないと思います。この特性は多くのＡＳＤ・ＡＤＨＤの方が持っていると思います。人を信じられることは尊いのですが、お金の話になっても人の言うことをそのまま信頼してしまうので、結果的に騙される、

もしくはうまく丸め込まれてしまうのです。

お金を払うときや、お金の話になると、急に細かいことを言ってきたり、自分が出すことをしぶったりしてくる人がときどきしています。お金の話はもちろんビジネスではシビアにしなければいけないことではあるのですが、自分の取り分の話ばかりが細かくなってしまう人について、私は要注意人物だと判断しています。

また、大きなお金……目安で言うと10万円以上のお金を払うような話になったときには、私は周囲の信頼できる人々に相談をしてから判断するようにしています。以前、登録に15万円かかるサロンに入会しようとしたことを友人の何人かに相談したところ、全員から「明らかに詐欺だよ！」と言われたことがあります。私一人ではお金を無駄にしてしまう寸前でした。

相手に騙しているつもりがなかったとしても、お金の話はただでさえ判断が難しいものです。それに、自分一人の問題では済まないこともあるため、慎重に進めて悪いことはないでしょう。

騙されやすい人も多いと思いますが、騙される自分に嫌悪感を覚えなくて大丈夫です。あなたは人を信頼できる人だという何よりの証しです。

コツ50 知らない人が新しいチャンスを運んできてくれる

人間関係はめんどうくさい。でも、拡大すればチャンスが広がる

こだわりさんは、人間関係を拡大しない傾向の人が多いと思います。味方になってくれる人ばかりで構成され限られた人間関係の中にいるのは、とても安心できますが、実は「知らない人」との交流はとても大切なことです。

本章の最後では、人間関係の拡大がチャンスを運んできてくれることをお伝えしたいと思います。

ＡＳＤのある人のことを応援してくれる人は必ずいますが、そうでない人もいます。自分を良く思わない人、利用しようとするだけの人……様々な人々と関われば、どうしても人間関係の悩みやトラブルが出てきてしまうものです。だからこそ、人付き合いが苦手な傾向があるこだわりさんが、人間関係を拡大しない選択肢を取るのは当たり前のことです。

そうでなくても、単純に多くの人と会うことは体力的にも気力的にも疲れてしまうのは当然。私もいまだに多くの人と会いすぎると疲れて寝込んでしまうこともありますし、体調が悪いときはいつも以上に疲労がたまるので、できるだけ人に会わないようにしています。

しかし、それでも人間関係を拡大させていくのはなぜなのかというと、拡大していったほうが、自分にとってのチャンスが広がっていくからです。自分にとってのチャンスをつくってくれるのはいつだって人です。だからこそ、人と交流しなければ、どんなチャンスも生まれません。

先日、私がコーチングを担当した発達障害の方で、「会社内でどうしても周囲の理解を得られなくて困っている」という方がいらっしゃいました。そこで、その方に、「会社以外の場所で活動してみることで、良いご縁があるかもしれませんよ」と私はアドバイスをしてみました。すると、その人は積極的に様々なイベントに顔を出すようになり、そのコミュニティで仲良くなった人に誘われて、別の会社に転職することができました。

これは、あくまで一例ではありますが、「現状がうまくいっていない」という人は、「周囲の理解が得られない＝環境が悪いだけ」という可能性があります。付き合う人の幅を広げてみることで、自分の新たな価値に気がついてくれる人に出会い、自分の特性を活かせる場所へ移動することは、決して不可能ではないのです。

しかし、ひとつの場所にとどまり続けているだけでは、自分の可能性を見いだしてくれる人と会うことはできません。だからこそ、今の自分に満足できていない人や、今の自分はダメな人間だと思ってしまう人は、付き合う人を変えてみてください。

避けたほうがいい人を見極めて、チャンスを拡大する

もちろん、知らない人を最初から信頼することは難しいです。相性がいいかわからない、いい人か悪い人かわからない……と警戒してしまうこともあるでしょう。しかし、そのハードルを乗り越えて最低でも1回は信頼してみようと思うことが大事です。それが自分のチャンスを広げることにもつながります。

人間関係を拡大していく中で「人を見る目」は養われていくものの、最初のうちは自分を利用しようとする変な人に会うこともあるかもしれません。以下に、私自身が日頃気をつけている「この人は危ないいな」と思うタイプの人についてお伝えします。

●自分のしてほしいことばかり要求する人

「一緒にやっていこうよ」「一緒にやりたいです」という方は大歓迎しましょう。しかし、「テイカー」には少し気をつけて対応したいもの。

「テイカー」とは、「自分のしてほしいことばかりを要求する人」のことです。もっと言えば、自分の利益を最優先する人。自分のメリットを強く主張してくる人や、その人のメリットの話になったときにだけ突然話が細かくなる人は要注意です。

全体的に細かい人は、そういう性格なので仕方がありませんが、自分のメリットに関する話をするときに異様に細かくて厳しい人については、自分の要求ばかりするテイカーである可能性が極めて高いので、できるだけ距離を置くようにしましょう。

●お金に細かい人

先ほどもお伝えしましたが、すぐにお金の話をする人や、お金の話になると「俺の分は利益が出た場合は、このくらいで……」と妙に細かいことを言う人、相手に利益を渡したくないという雰囲気がにじみ出ているような人も危険です。

ちょっと感覚的な話で申し訳ないのですが、お金の話をするとその人の性格が出やすいもの。金銭的な話のときの相手の反応に違和感を覚えたら、少し気をつけるとよいでしょう。

●口先だけの人

「一緒に何かをやりたいです」とは言うものの、何もやらず、結局口だけで終わる人も多いです。何事に対しても「やりたいです」と手を挙げるものの、自分からアクションを起こさない。仕事でなければ一緒にいてもさほど害はないかもしれませんが、あてにすると痛い目に遭います。

このように、たまには困った人に出会うこともあるかもしれませんが、どんどん人間関係を広げていくことで、思わぬチャンスに恵まれることでしょう。

あなたの非凡な才能と、斬新なアイディアに価値を見いだしてくれる人にきっと出会えるはずです。

おわりに

本書を最後のページまで読んでくださって、本当にありがとうございます。

最後に、私がどうしてもみなさんにお伝えしたいことがあります。それは、「この本のテクニックを100%再現する必要はない」ということです。

「発達障害を『資産』に変える」という目標を持って以来、自分の特性を少しでもプラスに変えるべく、私は何冊ものビジネス書を読み、ライフハックをインプットしてきました。借金玉さんの本や吉濱ツトムさんの本、栗原類さんの本なども読み漁《あさ》りました。でも、出合うテクニックはどれも「帯に短しタスキに長し」で、自分のライフスタイルや性格に100%ぴったりと合致するものには、めったに遭遇することはありませんでした。

しかし、考えてみれば、それは当然のこと。

人にはそれぞれ個性があり、得意なもの、不得意なもの、興味関心も違います。歩んできた人生によって価値観も違う。だから、他人が考えたテクニックを100%受け入れられなくて当然なのです。特に、ASD傾向の強いこだわりさんたちであれば、なおのこと。

「これは取り入れられそうだけど、ここは自分には合わない」という部分が出てくるのは当たり前です。

ここまでご紹介したコツの数々にしても、ASDと診断された発達障害の当事者である私自身が、本やネットでみたテクニックを参考に、自己流にアレンジしたものばかりです。本書を読んでくださっているみなさんも、この本に書いてある私のテクニックを「すべて再現しなくては」と考える必要はありません。テクニックの中で、自分に合うものはどんどん取り入れて、合わない部分はどんどん捨ててください。

この本の中で紹介されている情報は、いわば「パーツ」のようなもの。自由にパーツを取捨選択し、組み合わせることで、ぜひ自分にとって使いやすい最強のオリジナルツールをつくってほしいと思います。また、その「パーツ」すらも、自分の使いやすい形に改造していただくのがベストだと思っています。発達障害である多くの方にとって、本書でご紹介した「パーツ」が、あなたの人生を攻略する武器として役に立ってくれるのであれば、これ以上うれしいことはありません。

繰り返しになりますが、発達障害は、視点を変えればユニークな個性です。

ぜひ、本書をフル活用して、発達障害をあなたにしかできない形で資産へと、変えていきましょう！

銀河

本書は、二〇二一年五月に刊行された『「こだわりさん」が強みを活かして働けるようになる本』に、「新書版のまえがきに代えて」を加筆し、新書化したものです。

銀河（ぎんが）
上智大学卒。ASD（自閉症スペクトラム障害）とADHD（注意欠陥多動性障害）の当事者。ASD優位で空気を読むことが大の苦手。新卒で営業としてキャリアをスタートするも、約1年でうつ病を発症。復職し、発達障害であることの強みを活かして営業成績2位をおさめる。入社満3年を迎えるとともに退社し、会社の同期が設立したCare Earth（株）に誘われて入社。現在ではキャリアアドバイザーとして、キャリアに悩む人たちの転職サポートを行っている。また、キャリアや生活で悩む発達障害の人へのアドバイスなどを中心に、コーチングも行っている。
著書に『発達障害フリーランス』（翔泳社）がある。

構成：高松孟晋、谷口伸仁、藤村はるな
装幀：塚原麻衣子

扶桑社新書 447

発達障害と仕事
自分らしく働くために

発行日 2022年 11月 1日　初版第1刷発行

著　　者………銀河
発 行 者………小池英彦
発 行 所………株式会社 扶桑社
〒105-8070
東京都港区芝浦1-1-1 浜松町ビルディング
電話 03-6368-8870（編集）
03-6368-8891（郵便室）
www.fusosha.co.jp

印刷・製本………株式会社 広済堂ネクスト

定価はカバーに表示してあります。
造本には十分注意しておりますが、落丁・乱丁（本のページの抜け落ちや順序の間違い）の場合は、小社郵便室宛にお送りください。送料は小社負担でお取り替えいたします（古書店で購入したものについては、お取り替えできません）。
なお、本書のコピー、スキャン、デジタル化等の無断複製は著作権法上の例外を除き禁じられています。本書を代行業者等の第三者に依頼してスキャンやデジタル化することは、たとえ個人や家庭内での利用でも著作権法違反です。

©Ginga 2022
Printed in Japan　ISBN 978-4-594-09342-6